Refranes de mi Abuelita: *Sayings of my Grandmother*

Text by Edward Paulino, Ph.D.
Illustrations by Scherezade García-Vázquez
Prologue by Julia Álvarez

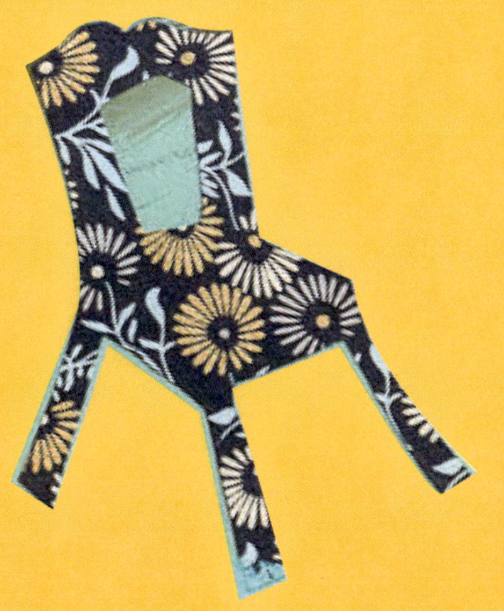

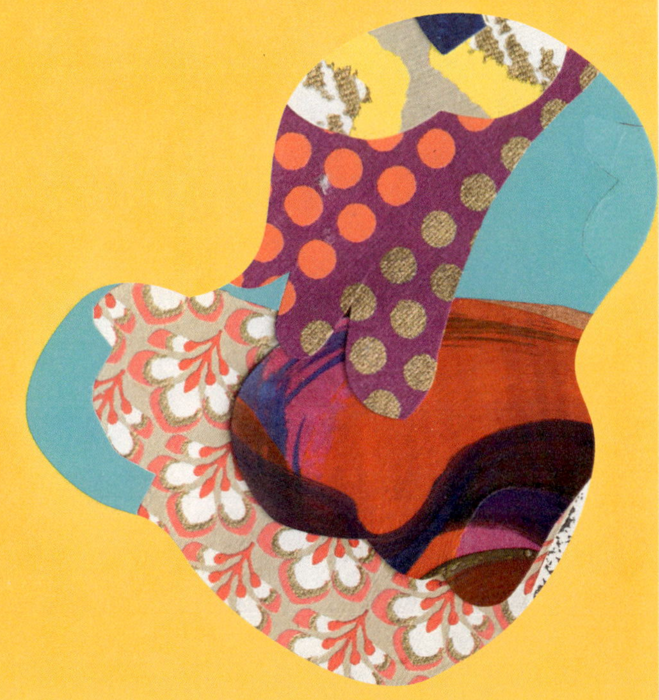

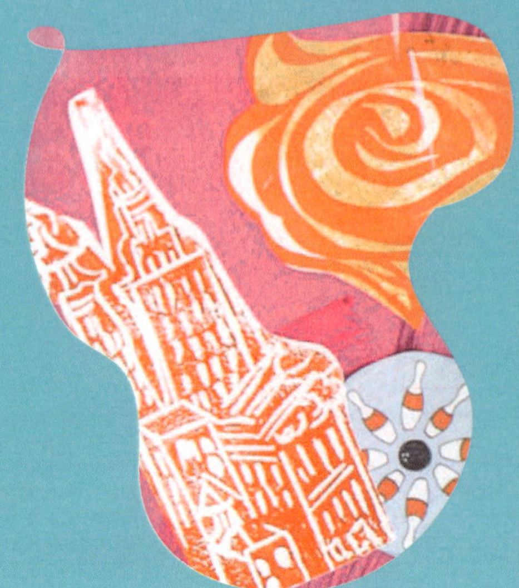

DWA Press is an Imprint of Dominican Writers Assoc., a 501 (c)(3) non-profit literary arts organization founded in 2015 with the mission to support Dominican writers by providing them the tools and resources to become published authors.

Text/Editor: Edward Paulino, Ph.D.
Cover Art Design: Iliana Emilia García in collaboration with Leah Slava.
Interior Artwork: Scherezade García-Vázquez
Translations: Nicole Tavarez Rodriguez

ISBN 979-8-218-11468-8
Published in the United States.

DWA Press
An imprint of Dominican Writers Assoc.
www.dominicanwriters.com

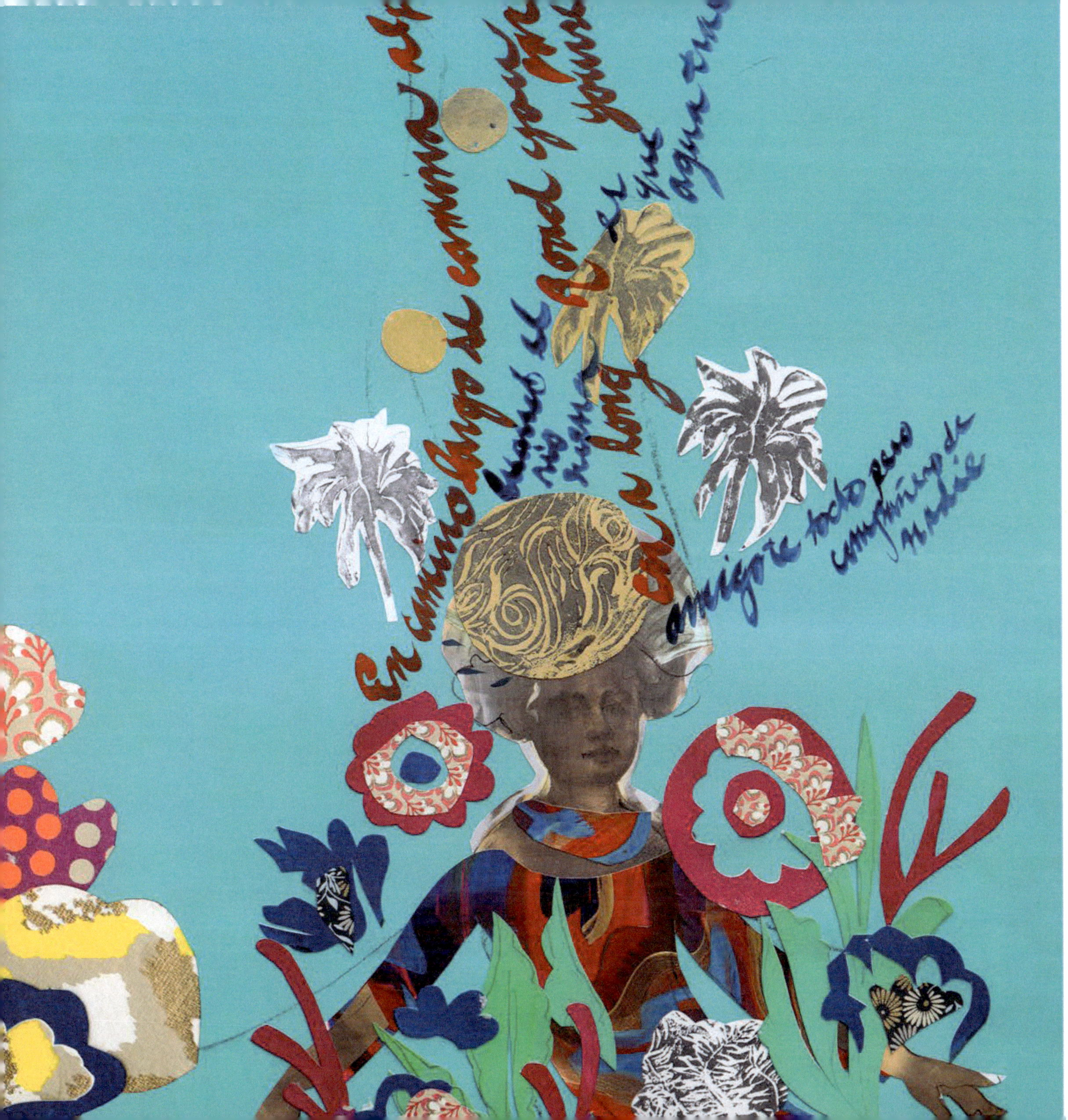

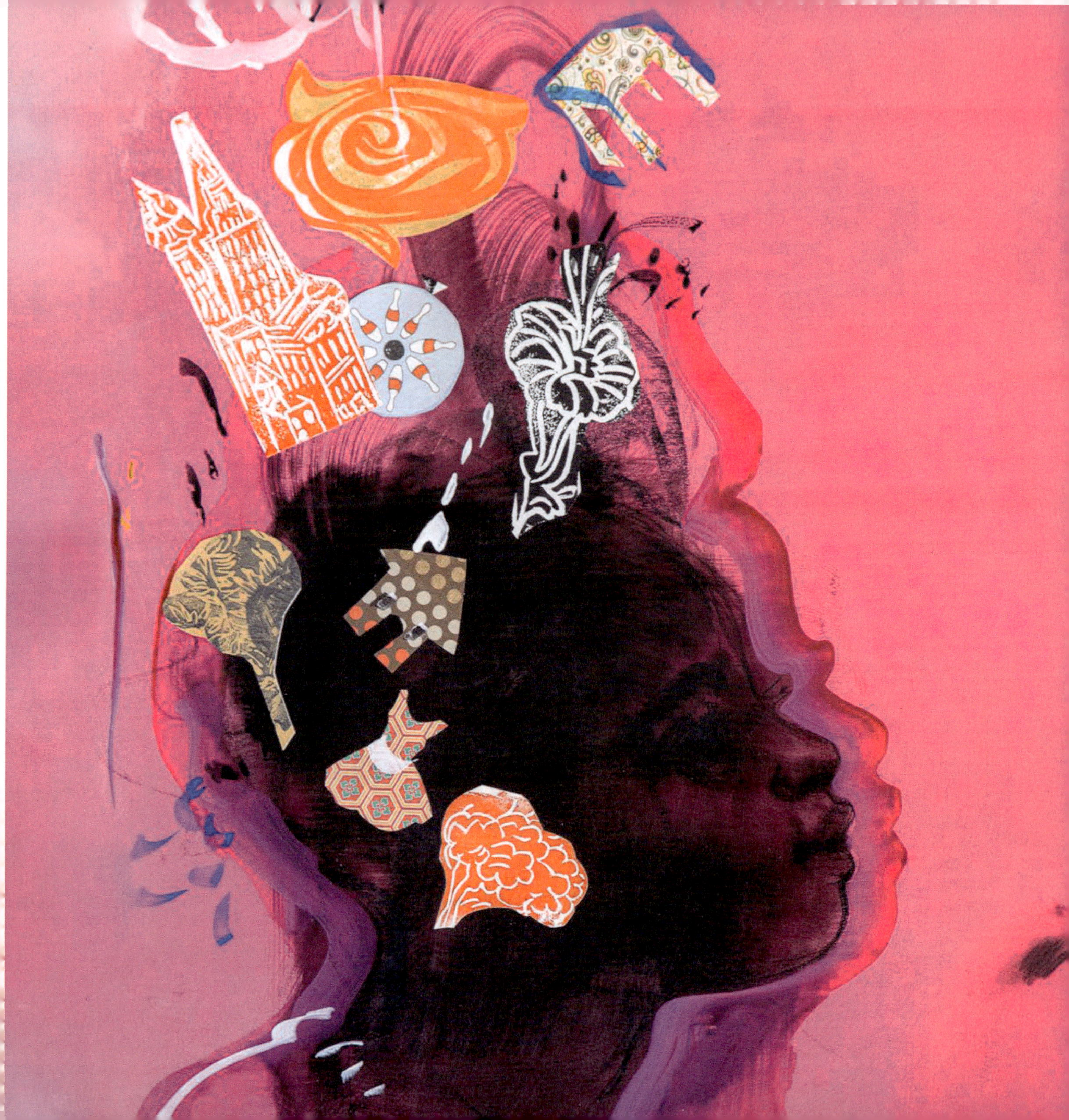

PROLOGUE

Our *viejitos* carried whole libraries in their heads: *cuentos, cantos, leyendas, chistes, décima*s, nature lore (*té de guanábana para los nervios, jengibre para la digestión*), and *refranes*, short, pithy sayings that captured the wisdom, not just of their own experience, but of their *viejitos* before them. Ours was not a literary culture as much as an oral culture, an ongoing uninterrupted river enriching the arid landscape of the *campo* during years of rebellions, dictatorships, Marine occupations, and poverty. Though repressive governments tried to stifle the exchange of information and took control of all media, they could not shut down what the Dominicans popularly called "*radio bemba*," the people's voice, encrypted in music lyrics, illustrated in folk art, and encapsulated in refranes and sayings.

Many of our *viejitos* didn't have much schooling, public libraries did not exist, some didn't know how to read or write, but they had PhDs in life experience and were "professors of the five senses"–to borrow Lorca's description of poets. They carried that wisdom in their head and shared it in *refranes* that punctuated almost any occasion with some incontrovertible truth. All they and their *antepasados* knew was reduced into an essence, a little *refrán*, which like the seemingly simple haiku, expanded in the imagination illuminating the moment with its brilliant light. One couldn't argue with a *refrán*–it was the polished gem handed down from generations of living and loving, losing and enduring.

We who arrived in the United States, brought with us what Edward ("Eddie") Paulino, the author of *Refranes de mi Abuelita: Sayings of my Grandmother*, memorably calls "mental *maletas*" packed with these little gems, which no customs official or bully in the playground could take away. This old country wisdom was our GPS helping us find our way in a new country, taking us home to the heart and soul of our people.

Dominicans are not the first, of course, to avail ourselves of this "technology" of portable and pithy sayings. As long ago as Aesop, a slave from the sixth century B.C., listeners have enjoyed these tweets of lived experience. Aesop's fables of animal characters often end with a little lesson in the form of a saying. You might have heard the one that says, "*Slow and steady* wins

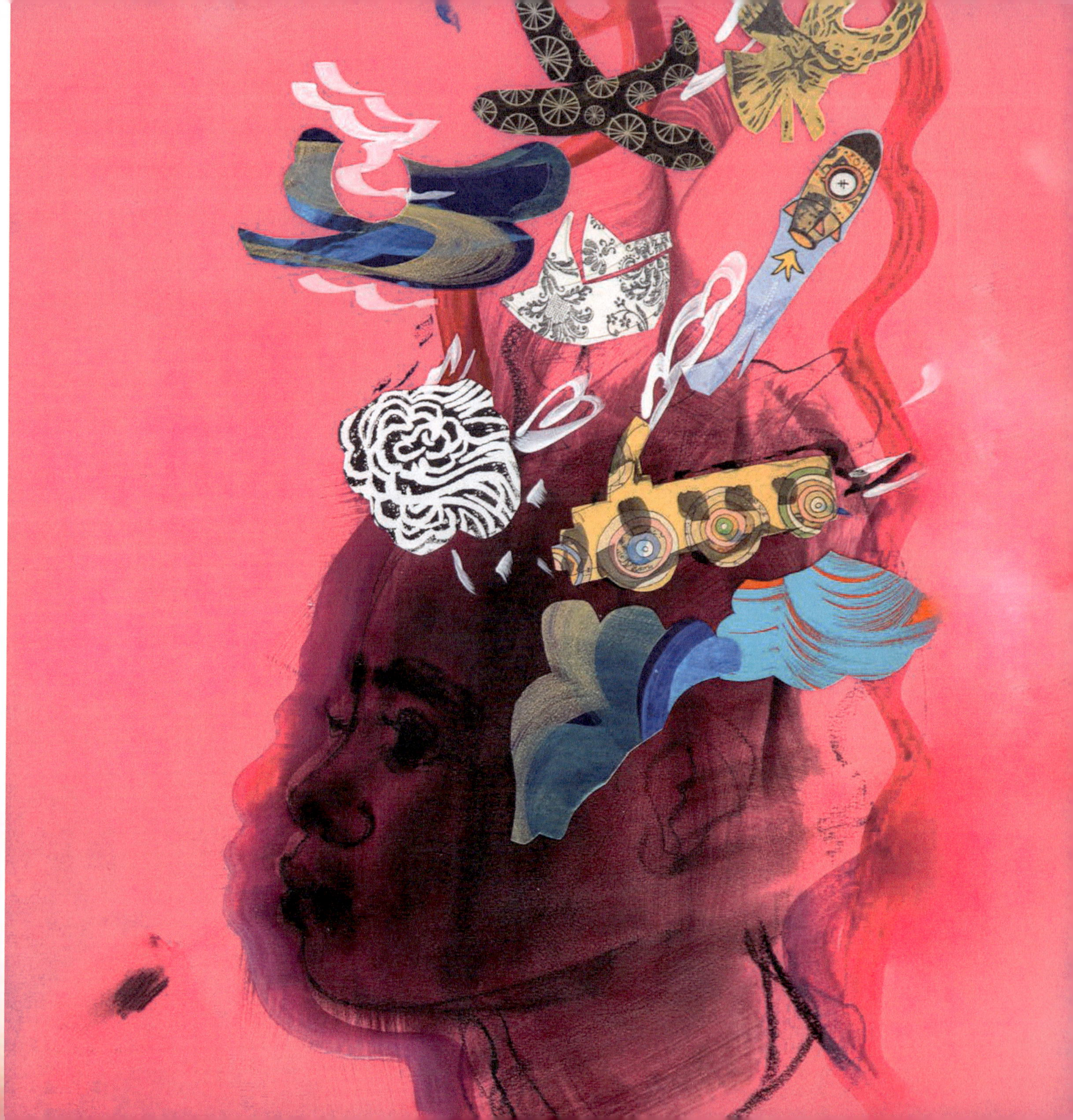

the race." We Dominicans have our own version of this refrán: *Con paciencia y con calma se sube el burro a una palma.* With patience and calm even a donkey can climb a palm tree. That's one of the beauties of *refranes*–they encapsulate universal wisdom using the particular sights and smells and landscape they come from.

Which is why this book serves as an invaluable contribution to our Diaspora community. Many of our children, grandchildren, and future generations will be able to connect to *antepasados* they never knew. Eddie Paulino, channeling his *abuelita*, has given us a taste of these rich resources, which might lead them to explore and discover more of their *cultura*. And since *refranes* collect the wisdom of our human family, all readers will be enriched while discovering the beautiful particularities of our Dominican culture. *Un buen libro es un tesoro, cada hoja es un pan de oro*. Did I mention that one of the pleasures of this book is its bilingual text–readers and listeners can access these *refranes* and be inspired to cross over and learn the saying in a second language. More bridges. More shared stories. More of what we need now in our divided country and world.

But it's not just the text that enlivens, animates and inspires but the glorious illustrations by the incomparable Scherezade García-Vázquez, who like her namesake, tells a thousand stories through her playful, inventive, colorful and dramatic images. I know I am in the presence of magical art when I find myself reaching out to stroke the picture. (Danger alert to museum guards–keep your eye on this *viejita*.) Just as the *refranes* Eddie has collected and translated convey the wisdom of our *viejitos*, Scherezade brings to life the colors, sights, sounds, faces of our Dominican culture and communities. Professors of the five senses. This duo has a Ph.D. in magic.

Legend has it that Aesop's fables were so popular, they won him his freedom. May this little book gain many readers, too, who come out of it with wisdom enough to last a lifetime.

Julia Álvarez
June 3, 2022

Refranes de mi Abuelita : *Sayings of my Grandmother*

In 1903, my *abuelita*, Ana Delia Díaz, aka Mamána, was born in the Dominican Republic. At a time when most Dominicans lived in the countryside and were illiterate, Abuelita was sent to live with her maternal aunt whose house contained... a library! There, she spent countless hours reading novels, encyclopedias and poetry. Her favorite poets? Amado Nervo and Miguel de Cervantes.

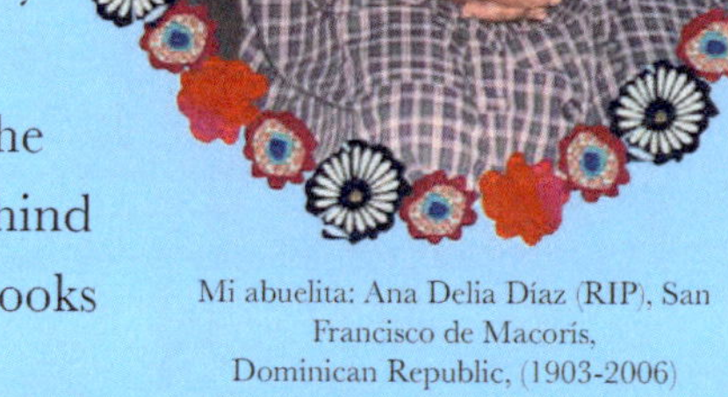

Mi abuelita: Ana Delia Díaz (RIP), San Francisco de Macorís, Dominican Republic, (1903-2006)

By the roaring 1920s, my *abuelita* was being invited to the United States by another aunt who had married an *Americano* and lived in Boston, Massachusetts. She wanted Abuelita to enroll in English classes for that fateful day when her niece would stroll triumphantly through the streets of Copley Square.

Alas, Abuelita never made it to Boston. Instead, at 24, she married my *abuelito* Miguel, and moved to the *campo*, leaving behind her beloved library. And yet, she managed to take all of those books she had read with her–in her memory bag.

In 1947, my mother, Delia Solange, the youngest of Abuelita's eight children, was born. Although Mami was raised without a physical library, Abuelita became her living *biblioteca*. And out of all the things Abuelita had read and memorized as a young girl, it was the *refranes*, or sayings–short, pithy expressions about morality, virtue, honor, and integrity–that she came to rely on most to raise her kids. Even as a widow, Abuelita continued to educate her kids with *refranes* in that unforgiving and impoverished rural landscape; a place where droughts could last up to six months; a place immortalized in Juan Bosch's short story *Dos pesos de agua*.

Through hurricanes, earthquakes, small-pox, dictatorships, *coup d'etats*, civil war, and the 1965 U.S. military invasion of her country, Abuelita never wavered and kept relying on *refranes* to protect her family–to survive. And when, in 1968, my mother finally emigrated to the United States three months pregnant with me to work in the MK Factory in Brooklyn, NY, assembling light bulbs and booster cables for cars, she too packed Abuelita's *refranes* in her mental *maleta*. And, in the NYC public housing projects of the Lower East Side, Mami drilled into my three siblings and me these same *refranes* to help us navigate through countless local and international crises, from electrical blackouts and the crack epidemic to 9-11.

Abuelita died in 2006.

Heartbroken but determined to honor her legacy, I set out to document all of her *refranes* by interviewing her three daughters: Josefina, Mercedes, and Delia Solange. Over the years, I documented more than 300 *refranes* the sisters had memorized from Abuelita. These are the first 11. Some are universal. Others are more obscure. But they all are nuggets of wisdom that serve as constant reminders for us to think intentionally about how to behave morally in and against an unjust and hostile world. *Refranes de mi Abuelita* is the golden rule packaged in small but memorable doses that transcend time and space. These are the same *refranes* that the artist Scherezade García-Vázquez learned as a child growing up in the Dominican Republic. Her beautiful and mesmerizing paintings, a resplendent banquet of Antillean colors, were brought to life and inspired by these sayings.

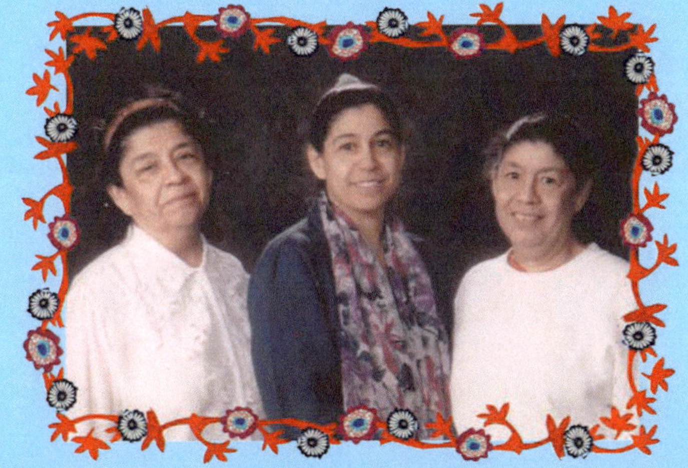

From left to right: tía Josefina (RIP),mi mamá Delia, and tia/ godmother Mercedes (RIP). The three sisters who continued my grandmother's legacy.

These *refranes* have centered and guided my moral universe ever since I could remember. They have been told over and over again in my family for over a century: handed down like heirlooms from my *Abuelita*, to my mother, *tías*, me, and now, my kids. Four generations and counting. And, it all began with a small library in the Caribbean and an inquisitive girl with a love for books groomed by people born in the 19th century.

Today, as a parent, I find myself constantly invoking these same *refranes* with my two kids: Lelolai and Caribe, not only to make sense of life's ordinary challenges, but also unprecedented ones like Covid-19: an event much like the 1918 Flu pandemic, which my *Abuelita* lived through and described as "the plague."

I hope, dear reader, that this book inspires you to discover your family's and culture's special history of *refranes*, while strengthening our humanity's ethical center. It's just a matter of listening, writing them down and sharing them.

Never forget that in this age of Martian rover missions, gene therapy and Zoom conference calls, *refranes* continue to be a powerful and resilient source of wisdom and guidance for young and old. Stored in the mind and retrieved by the heart, *refranes*, like lullabies, will always be faster to recall from memory than a Google search.

Good luck!
And as Abuelita used to say, "On a long journey, you walk slowly."

Edward Paulino, Ph.D.

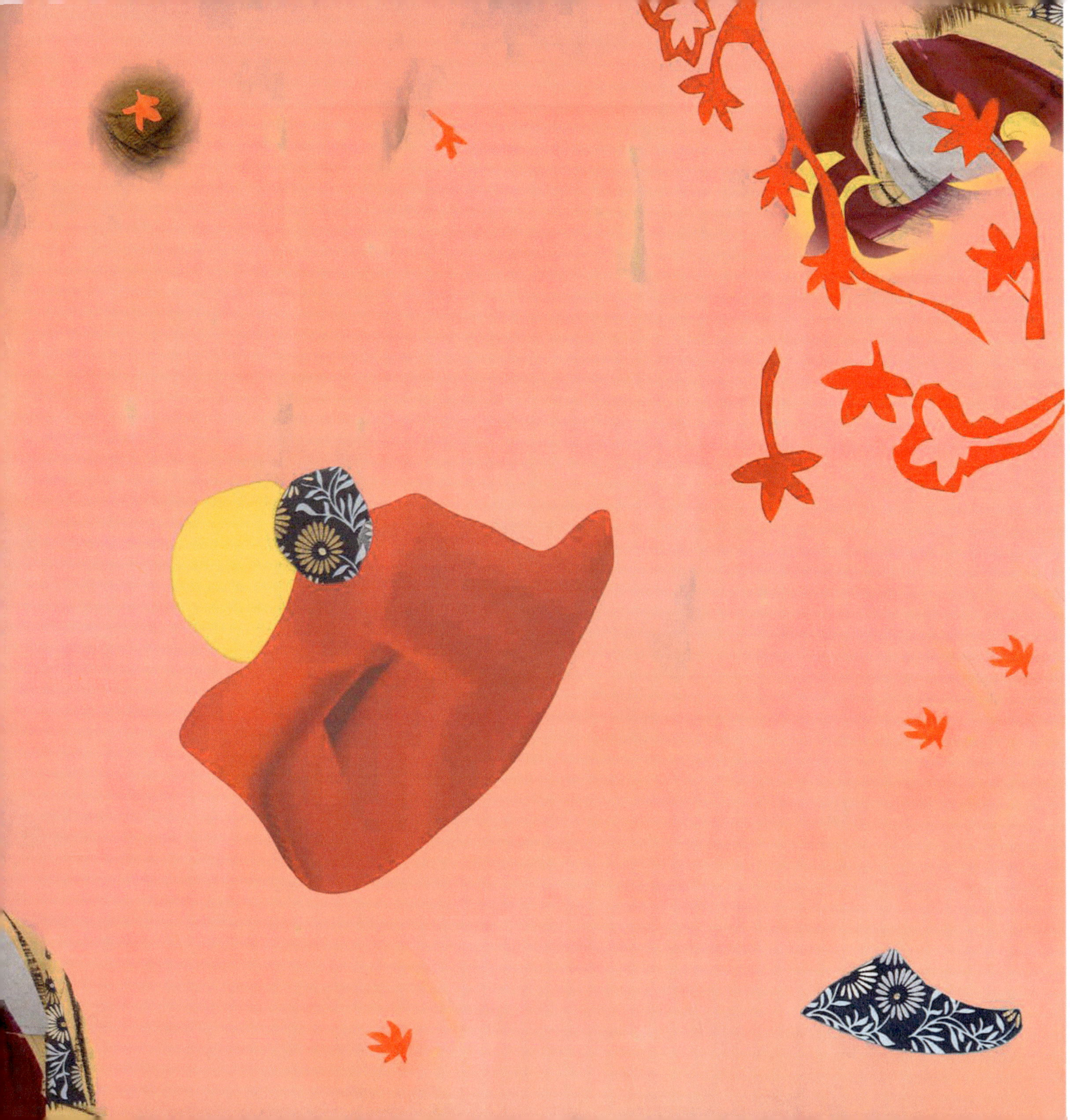

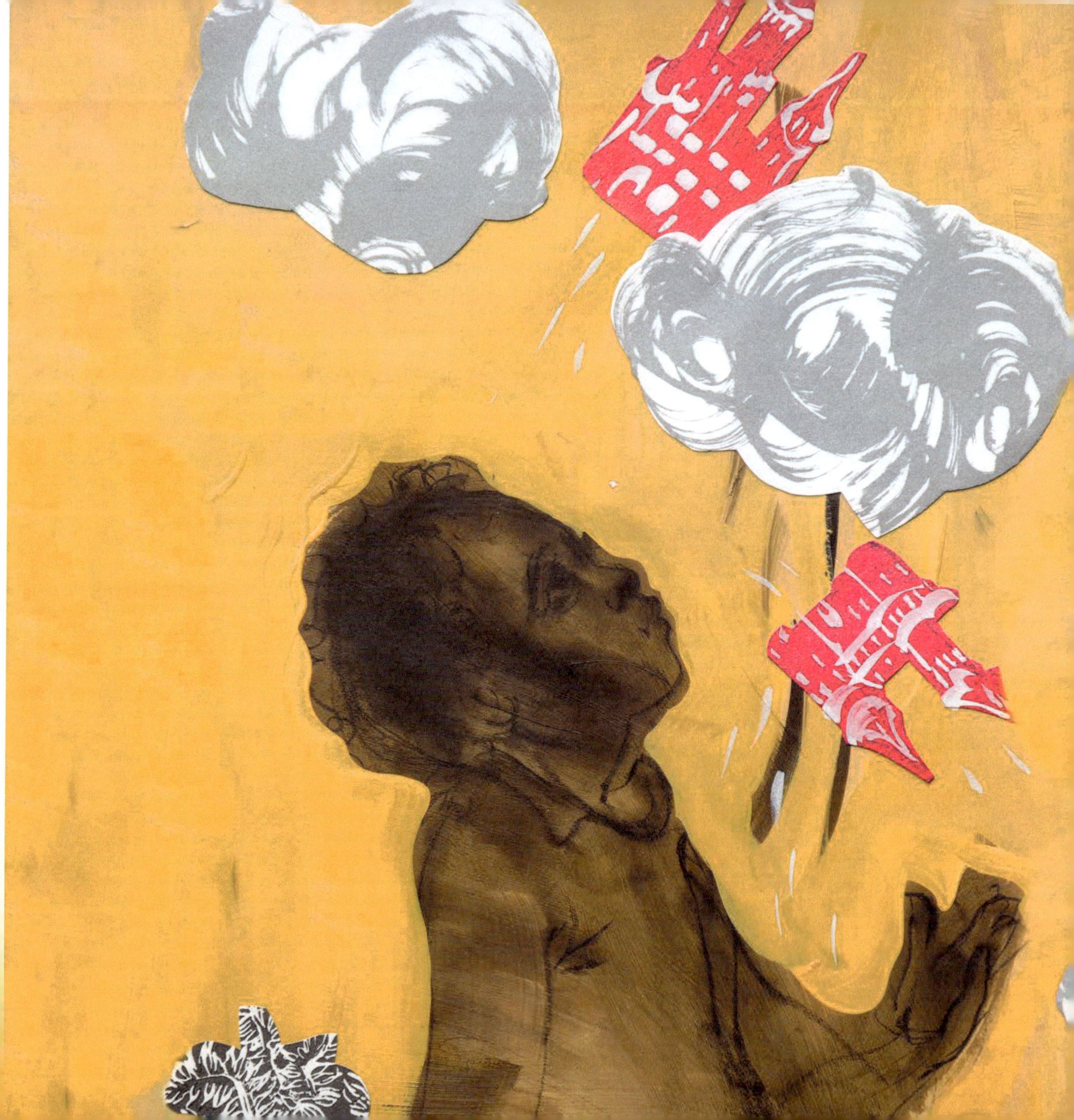

PROLOGO

Nuestros viejitos llevaban bibliotecas enteras en su memoria: cuentos, cantos, leyendas, chistes, décimas, *nature lore*: conocimiento popular de la naturaleza (té de guanábana para los nervios, jengibre para la digestión) y refranes, expresiones cortas y concisas que capturan la sabiduría que viene no solo de su propia experiencia, sino también de la de sus viejitos pasados. En lugar de una cultura literaria, la nuestra es una cultura oral, un río ininterrumpido que enriquece el paisaje árido del campo durante años de rebeliones, dictaduras, ocupaciones de los Marines americanos y pobreza. A pesar de gobiernos opresivos que intentaron reprimir el intercambio de información y asumieron el control de los medios de comunicación, no pudieron detener aquello que los dominicanos llamaban "radio bemba", la voz del pueblo, cifrada en las letras de canciones, plasmada en el arte popular y condensada en los refranes y expresiones.

Muchos de nuestros viejitos habían estudiado poco, las bibliotecas públicas no existían, algunos no sabían ni leer ni escribir, pero tenían doctorados en experiencia de vida y eran, en las palabras de Lorca al describir a los poetas, «profesores de los cinco sentidos». Llevaban toda esa sabiduría en su memoria y la compartían en forma de refranes que enfatizaban una realidad indiscutible en casi todo tipo de ocasión. Todo aquello que ellos y sus antepasados conocían se reducía a su esencia, a un corto refrán, el cual, tal como un haiku aparentemente simple, se expandía en la imaginación e iluminaba cada momento con claridad contundente. No se podía cuestionar un refrán, era una joya refinada heredada de generaciones que habían vivido y amado, perdido y soportado.

Los que vinimos a Estados Unidos trajimos con nosotros lo que Edward («Eddie») Paulino, el autor de «Refranes de mi Abuelita: *Sayings of my Grandmother*,» adecuadamente llama «maletas mentales» empacadas con estas pequeñas joyas, que ningún oficial de aduana ni bravucón en el patio nos podía quitar. Esta sabiduría anticuada, desarrollada en nuestro país, fue el GPS que nos ayudó a encontrar el camino en un nuevo país y que nos mantuvo fieles al espíritu y la esencia de nuestra gente.

Obviamente, los dominicanos no somos los primeros en valernos de esta tecnología de expresiones concisas y portátiles. Incluso en los tiempos de Esopo, un esclavo del siglo VI a.C., los oyentes se han deleitado con estos pedacitos de una experiencia vivida. Las fábulas de Esopo sobre personajes de animales muchas veces concluyen con una lección en forma de expresión. Es posible que haya escuchado la que dice «lento pero constante se gana la carrera». Nosotros los dominicanos hemos creado nuestra propia versión de este refrán: «con paciencia y calma se sube un burro a una palma». Así, con paciencia y con calma, hasta un burro se logra subir a una palma. Ese es uno de los encantos de los refranes: condensan una experiencia universal basados en las vistas, olores y paisajes de sus orígenes.

Es por eso que este libro es una importante contribución a la comunidad de la diáspora. Muchos de nuestros hijos, nietos y futuras generaciones tendrán la oportunidad de conectar con antepasados que nunca llegaron a conocer. Eddie Paulino, canalizando a su abuelita, nos ha dado una muestra de estos grandes recursos, que puede llevarnos a la exploración y el descubrimiento más detallados de nuestra cultura. Y como los refranes recopilan la experiencia de nuestra familia humana, todos los lectores sacarán provecho, al mismo tiempo que descubren hermosas particularidades de nuestra cultura dominicana. Un buen libro es un tesoro, cada hoja es un pan de oro. ¿Y ya dije que una de las mejores partes de este libro es su texto bilingüe? Tanto lectores como oyentes podrán tener acceso a estos refranes y ser inspirados a expandir sus límites y a aprenderlos en un segundo idioma. Más conexiones. Más historias compartidas. Más de lo que necesitamos en este momento, en un país y un mundo dividido.

Pero no son sólo las palabras las que avivan, animan e inspiran. También lo hacen las obras gloriosas de Scherezade García-Vázquez, quien tal como su tocaya, cuenta mil cuentos con sus imágenes dramáticas, coloridas, ingeniosas y traviesas. Sé que estoy en presencia de arte mágico cuando me sorprendo a mí misma extendiendo la mano para tocar la imagen. (Alerta de peligro a los guardias de los museos, estén pendientes de esta viejita). Tal como los refranes que Eddie ha recolectado y traducido transmiten la sabiduría de nuestros viejitos, Scherezade trae a la vida los colores, vistas, sonidos y caras de nuestra cultura y nuestras comunidades dominicanas. Profesores de los cinco sentidos. Este dueto tiene un doctorado en magia.

Cuenta la leyenda que las fábulas de Esopo eran tan populares que terminaron por ganarle su libertad. Que así también este libro gane muchos lectores, quienes saquen suficiente sabiduría para durarle una vida entera.

Julia Álvarez
3 de junio de 2022

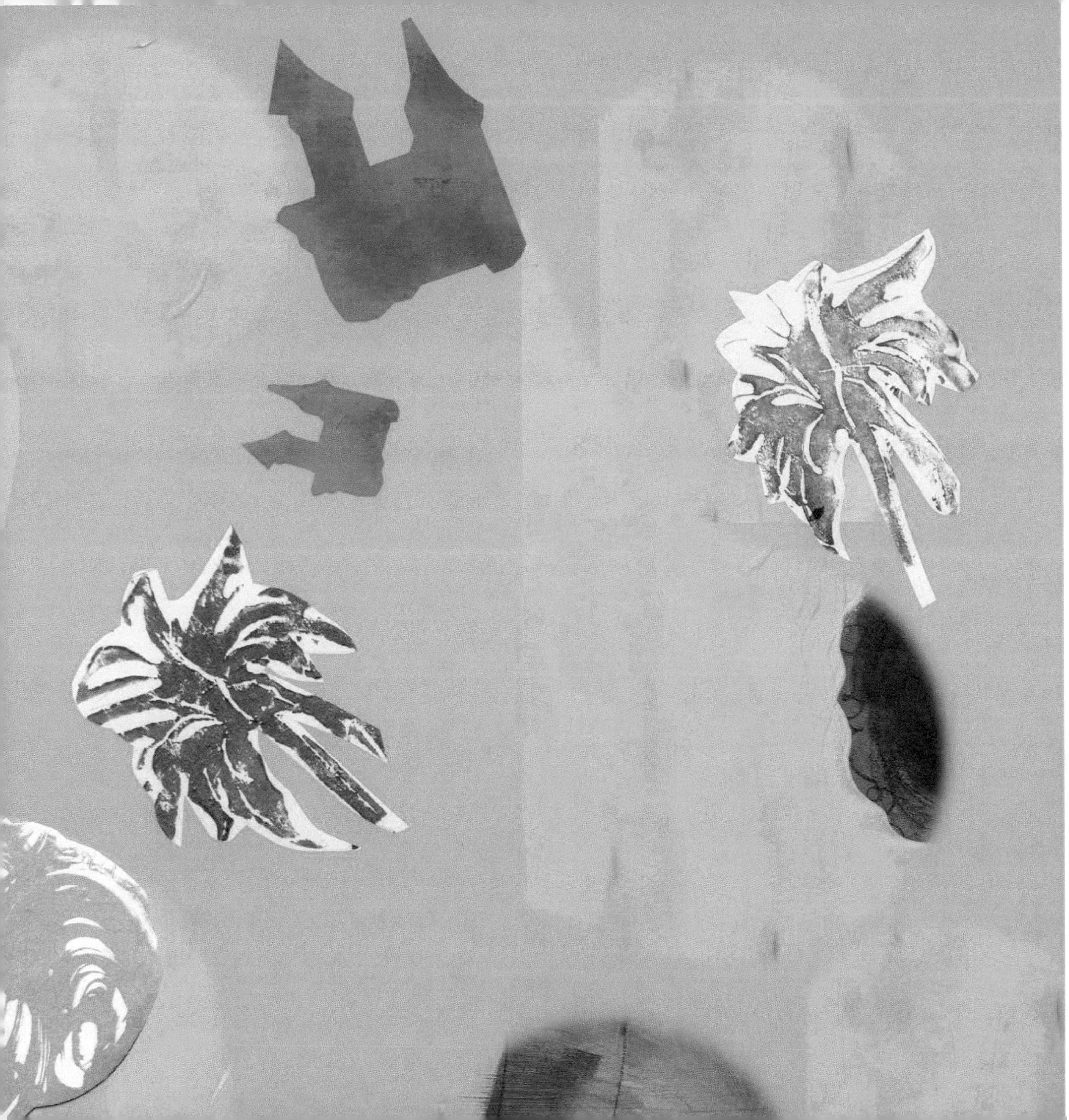

Refranes de mi Abuelita : *Sayings of my Grandmother*

En 1903, nació en la República Dominicana mi abuelita, Ana Delia Díaz, a quien también llamábamos Mamána. En un tiempo en que la mayoría de los dominicanos vivían en el campo y eran analfabetos, a Abuelita la mandaron a vivir con una tía materna, en cuya casa había…!una biblioteca! Allí pasó infinitas horas, leyendo novelas, enciclopedias y poesía. ¿Sus poetas favoritos? Amado Nervo y Miguel de Cervantes.

Para los felices años veinte, a mi abuelita ya la habían invitado a los Estados Unidos. La invitación la recibió de parte de otra tía que se había casado con un americano y vivía en Boston, Massachusetts. Ella quería que Abuelita se inscribiera en clases de inglés, para que estuviera preparada para aquel día transcendental en el que caminara por las calles de Copley Square. Pero Abuelita nunca llegó a Boston. En vez, a los 24 años, se casó con mi abuelito Miguel y se mudó al campo, dejando atrás su querida biblioteca. Y aun así, se las arregló para llevarse consigo todos aquellos libros que había leído, en su maleta de recuerdos.

En 1947, nació mi madre (Delia Solange), la menor de los ocho hijos de Abuelita. Aunque Mami se crió sin biblioteca, Abuelita se convirtió en su biblioteca andante. Y de todas las cosas que había leído y aprendido cuando era niña, fueron los refranes, o los dichos (expresiones cortas y concisas acerca de moralidad, virtud, honor e integridad), en lo que Abuelita más se apoyó para criar a sus hijos. Incluso como viuda, Abuelita continuó educando a sus hijos mediante refranes, en aquel terreno implacable y empobrecido; un lugar donde las sequías podían durar hasta seis meses; un lugar inmortalizado en el cuento de Juan Bosch: "Dos pesos de agua".

A través de huracanes, terremotos, viruela, dictaduras, golpes de estado, una guerra civil y la invasión militar de los Estados Unidos a su país en 1965, Abuelita nunca flaqueó y siguió confiando en refranes para proteger a su familia, para sobrevivir. Y en el 1968, cuando mi madre finalmente emigró a los Estados Unidos, con tres meses de embarazo de mí, para trabajar en la fábrica MK, en Brooklyn, armando bombillas y cables de arranque para carros, ella también terminó por empacar los refranes de Abuelita en su maleta mental. Y, en los edificios de vivienda pública en el Lower East Side de la ciudad de Nueva York, Mami nos entrenó a mis tres hermanos y a mí con los mismos refranes para así ayudarnos a navegar las innumerables crisis locales e internacionales, desde apagones eléctricos y la epidemia de crack, hasta los hechos del 11 de septiembre.

Abuelita murió en el 2006.

Con el corazón roto, pero decidido a honrar su legado, me dispuse a documentar todos sus refranes entrevistando a sus tres hijas: Josefina, Mercedes y Delia Solange. Con el paso de los años, he documentado más de 300 refranes que las hermanas se aprendieron de Abuelita. Estos son los primeros 11. Algunos son universales. Otros son más inciertos.

Pero todos son pedacitos de sabiduría que sirven como constantes recordatorios que nos llevan a pensar, con intención, en nuestro comportamiento moral en y contra un mundo injusto y hostil. "Refranes de mi Abuelita" es la regla de oro, envasada en dosis pequeñas pero inolvidables, que trascienden el tiempo y el espacio.

Estos son los mismos refranes que la artista Scherezade García-Vázquez conoció durante su niñez en la República Dominicana. Sus hermosas y cautivadoras obras, un banquete resplandeciente de colores Antillanos, que han sido llevadas a la vida e inspiradas por estos dichos.

Estos refranes me han guiado y le han dado enfoque a mi universo moral desde que tengo uso de razón. Han sido repetidos una y otra vez en mi familia durante más de un siglo: heredados tal cual reliquias, desde mi abuelita hasta mi madre, mis tías y, ahora, también mis hijos. Cuatro generaciones, y la cuenta sigue. Y pensar que todo comenzó con una pequeña biblioteca y una niña curiosa que sentía amor por los libros y quien fue acicalada por gente del siglo XIX.

Hoy en día, como padre, me sorprendo a mí mismo invocando estos refranes con mis dos hijos: Lelolai y Caribe, no solamente para darle sentido a los retos ordinarios de la vida, sino que también para enfrentar aquellos que no tienen precedentes, como el virus del Covid-19, un evento muy parecido a la epidemia de gripe del 1918, de la cual mi abuela fue testigo y que describía como "la plaga".

Deseo, estimado lector, que este libro le inspire a descubrir la historia única de refranes de su familia y de su cultura, al mismo tiempo que fortalecemos el núcleo ético de nuestra humanidad. Es

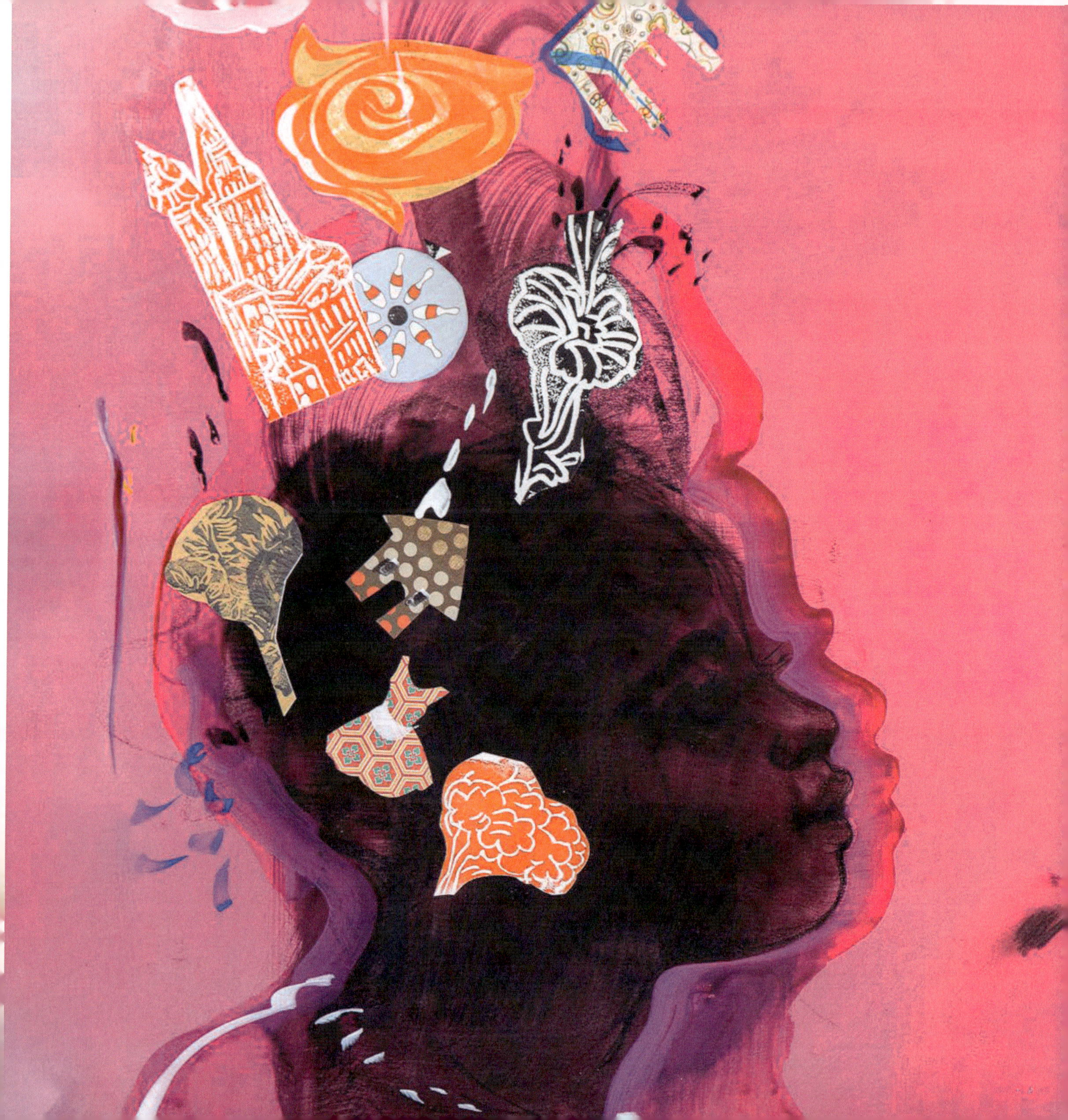

solo cuestión de escucharlos, apuntarlos y compartirlos.

Nunca olvide que, en estos tiempos de exploraciones espaciales a Marte, terapia génica y llamadas en conferencia por Zoom, los refranes siguen siendo un recurso influyente y sólido de sabiduría y orientación para jóvenes y viejos. Guardados en la memoria e invocados por el corazón, los refranes, como los arrullos, siempre serán más fáciles de recordar que los resultados de una búsqueda en Google.

¡Enhorabuena!

Y como decía Abuelita: "En camino largo, se camina al paso".

Edward Paulino, Ph.D.

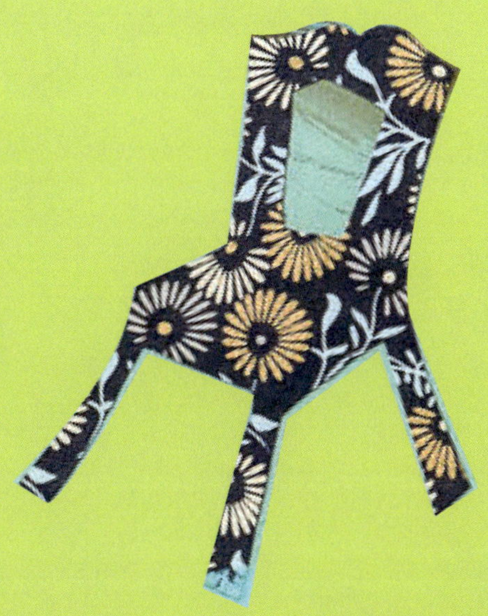

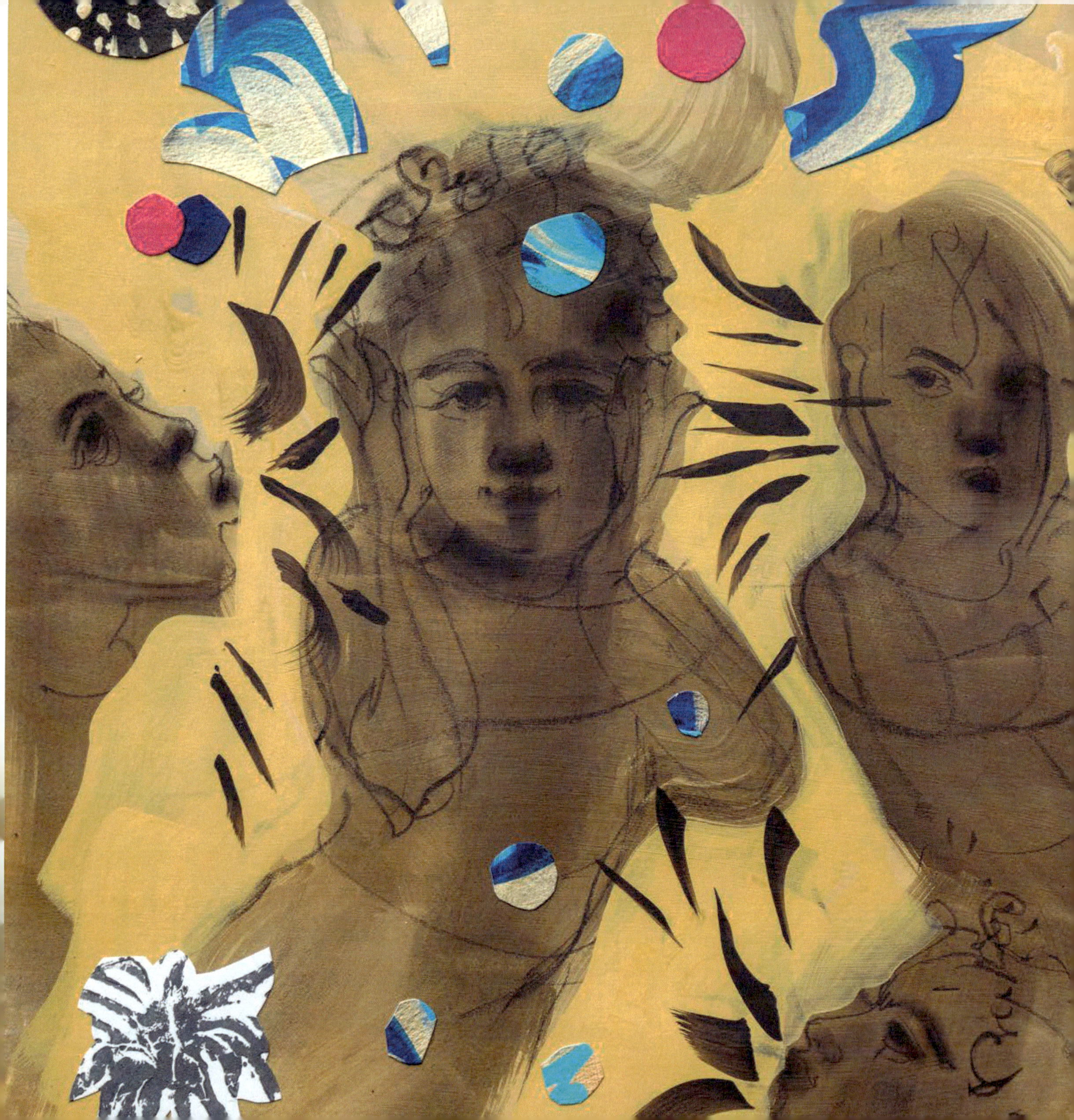

Refranes de mi Abuelita:
Sayings of my Grandmother

¡Buena suerte! Y como decía Abuelita… "En camino largo se camina al paso"

Good luck! And as Abuelita used to say… "On a long journey you walk slowly."

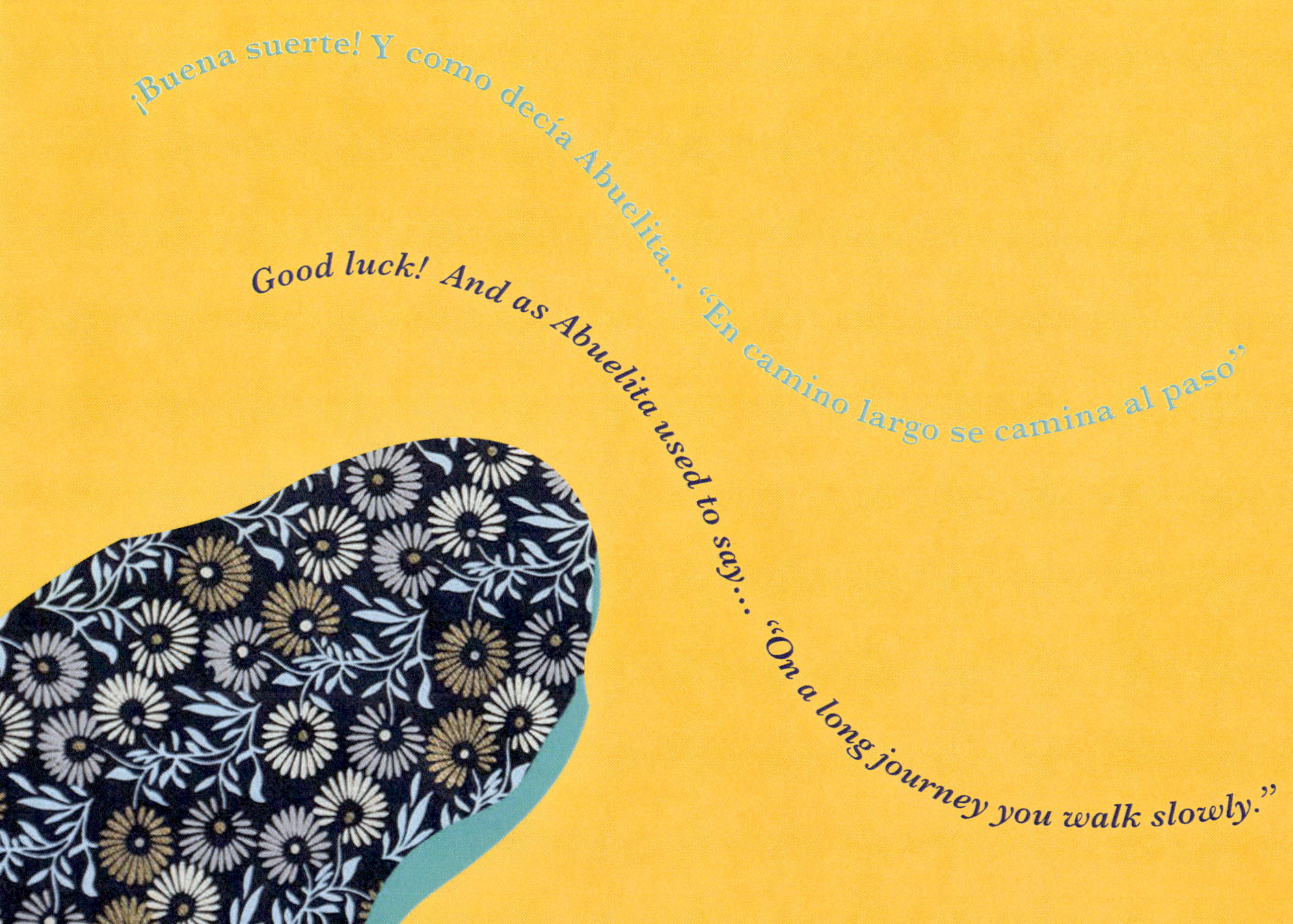

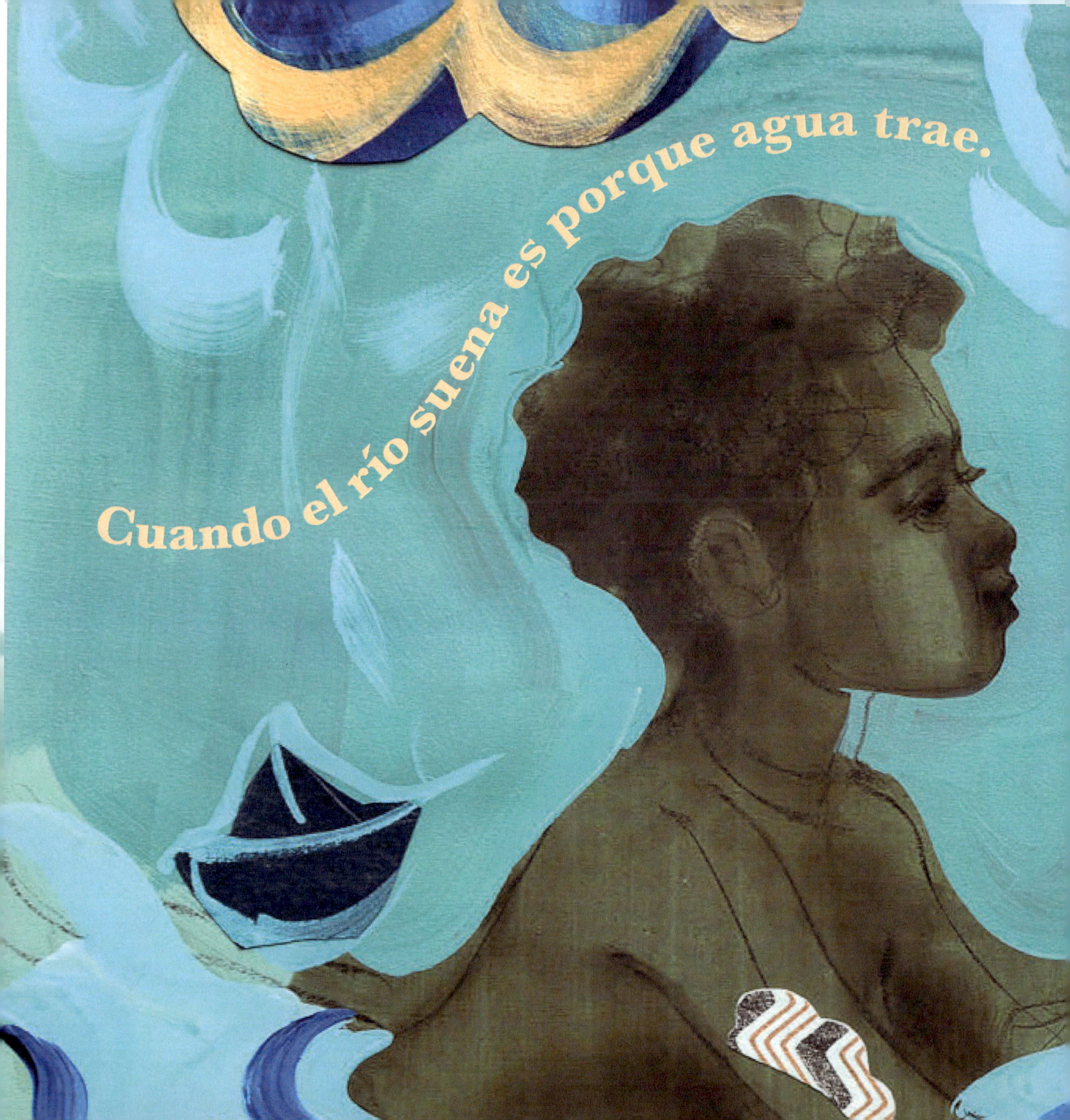
Cuando el río suena es porque agua trae.

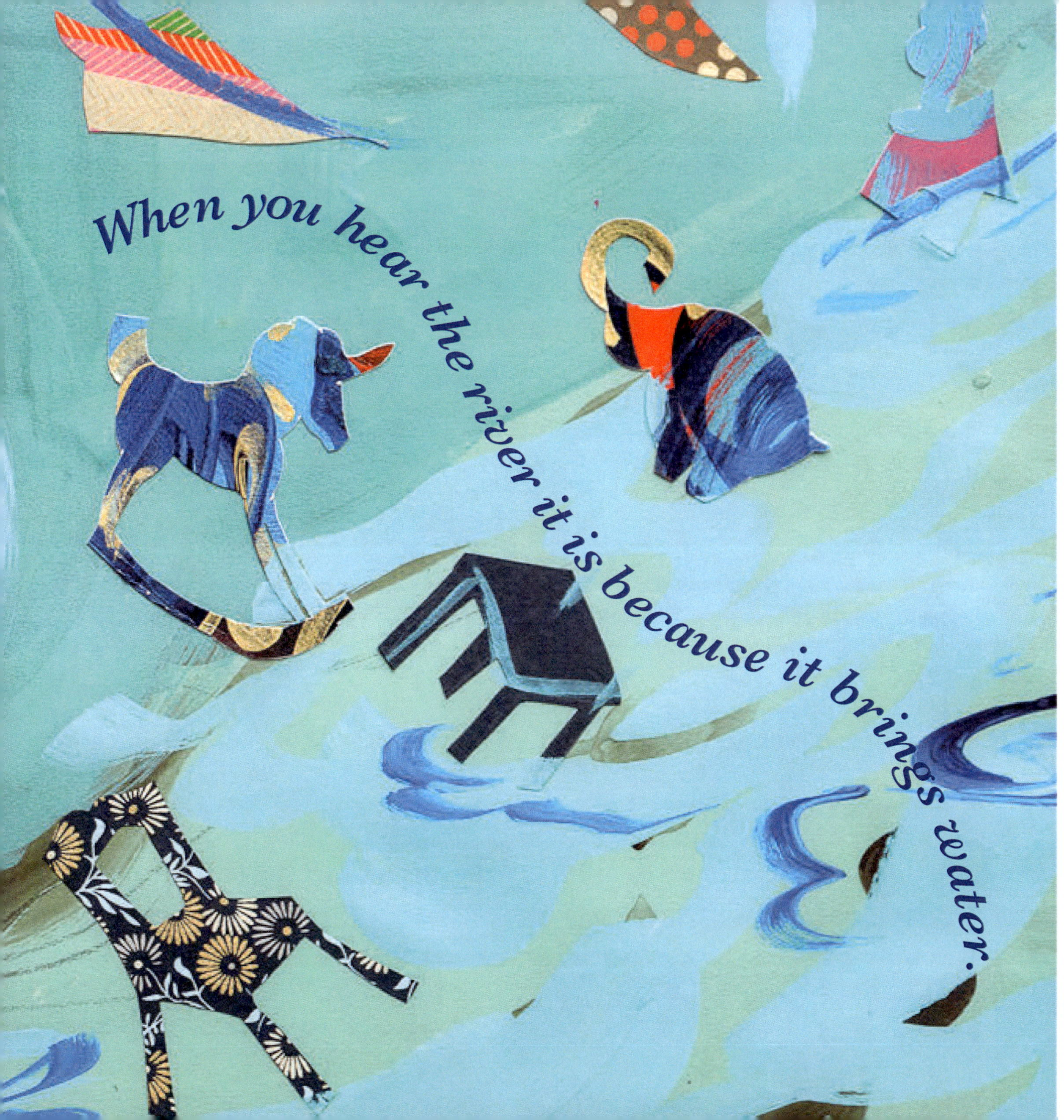
When you hear the river it is because it brings water.

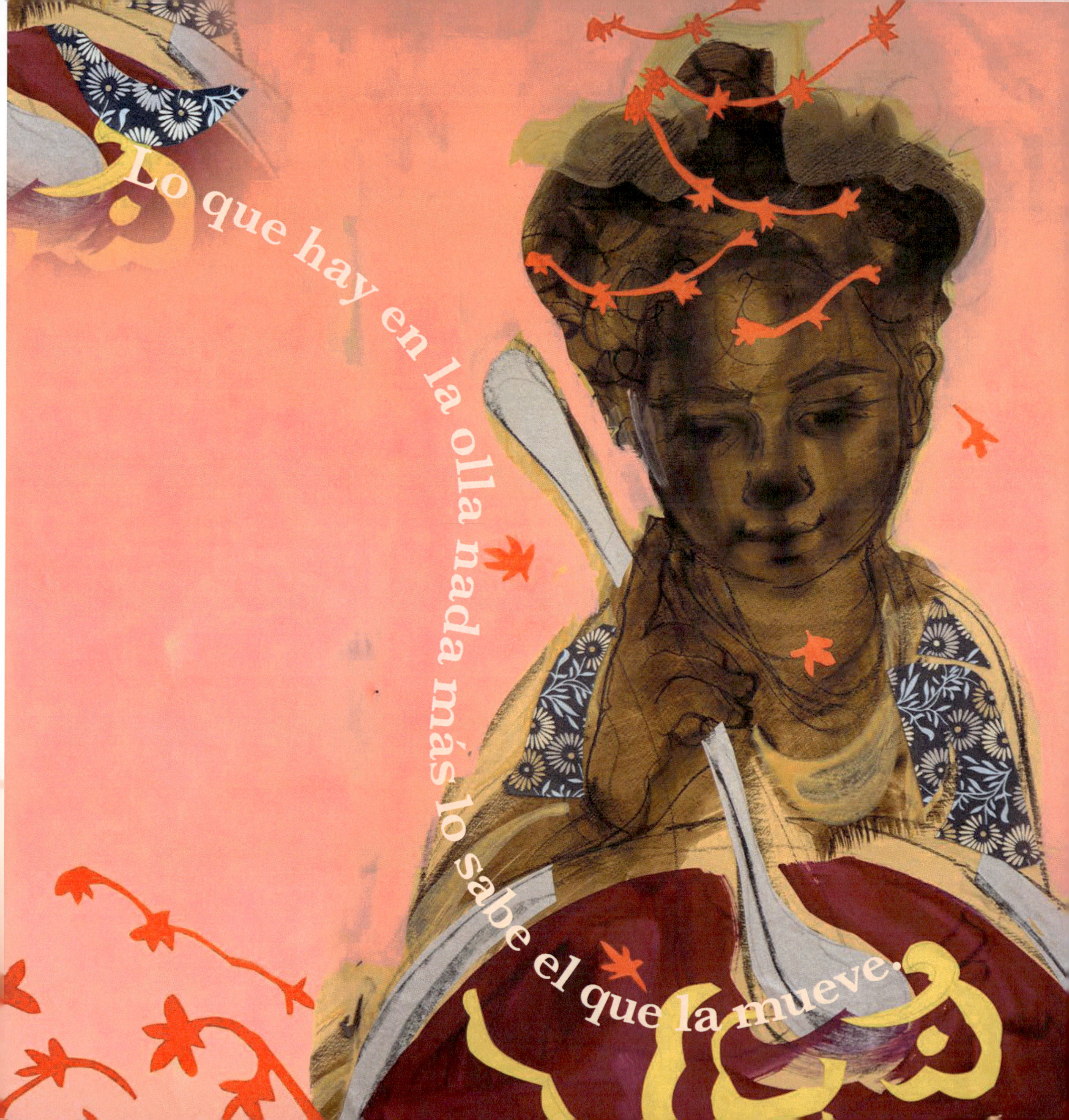
Lo que hay en la olla nada más lo sabe el que la mueve.

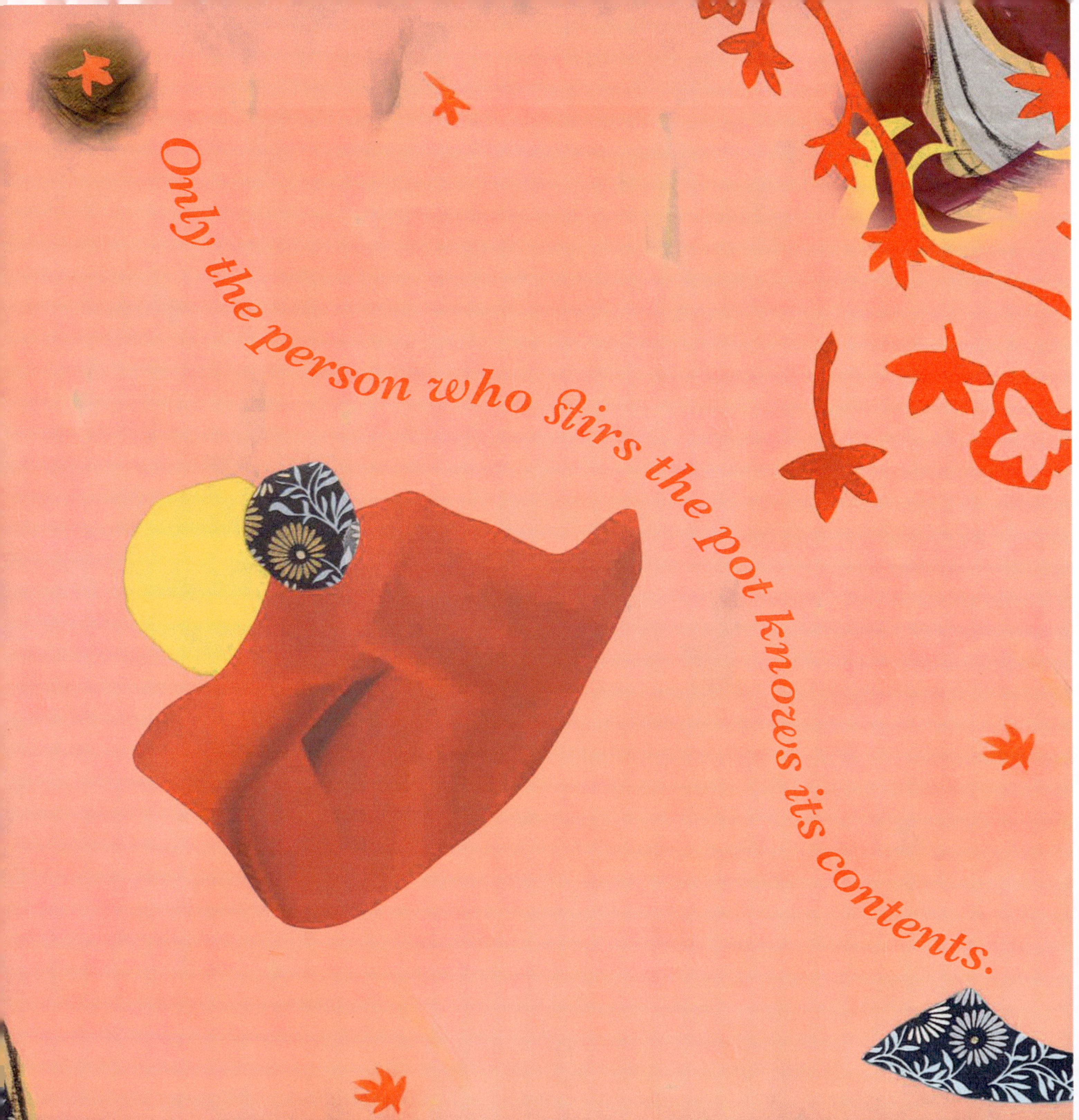
Only the person who stirs the pot knows its contents.

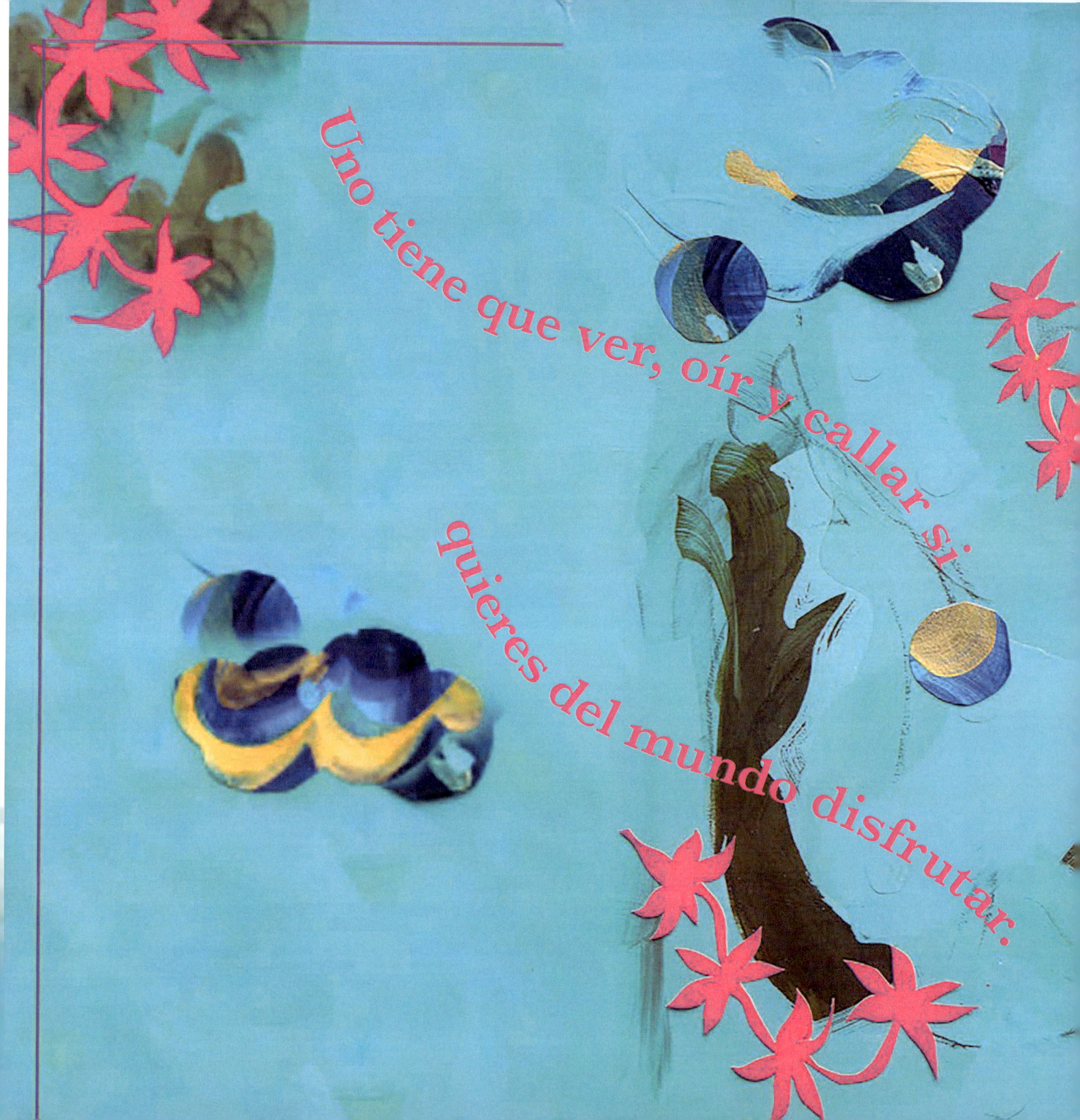
Uno tiene que ver, oír y callar si
quieres del mundo disfrutar.

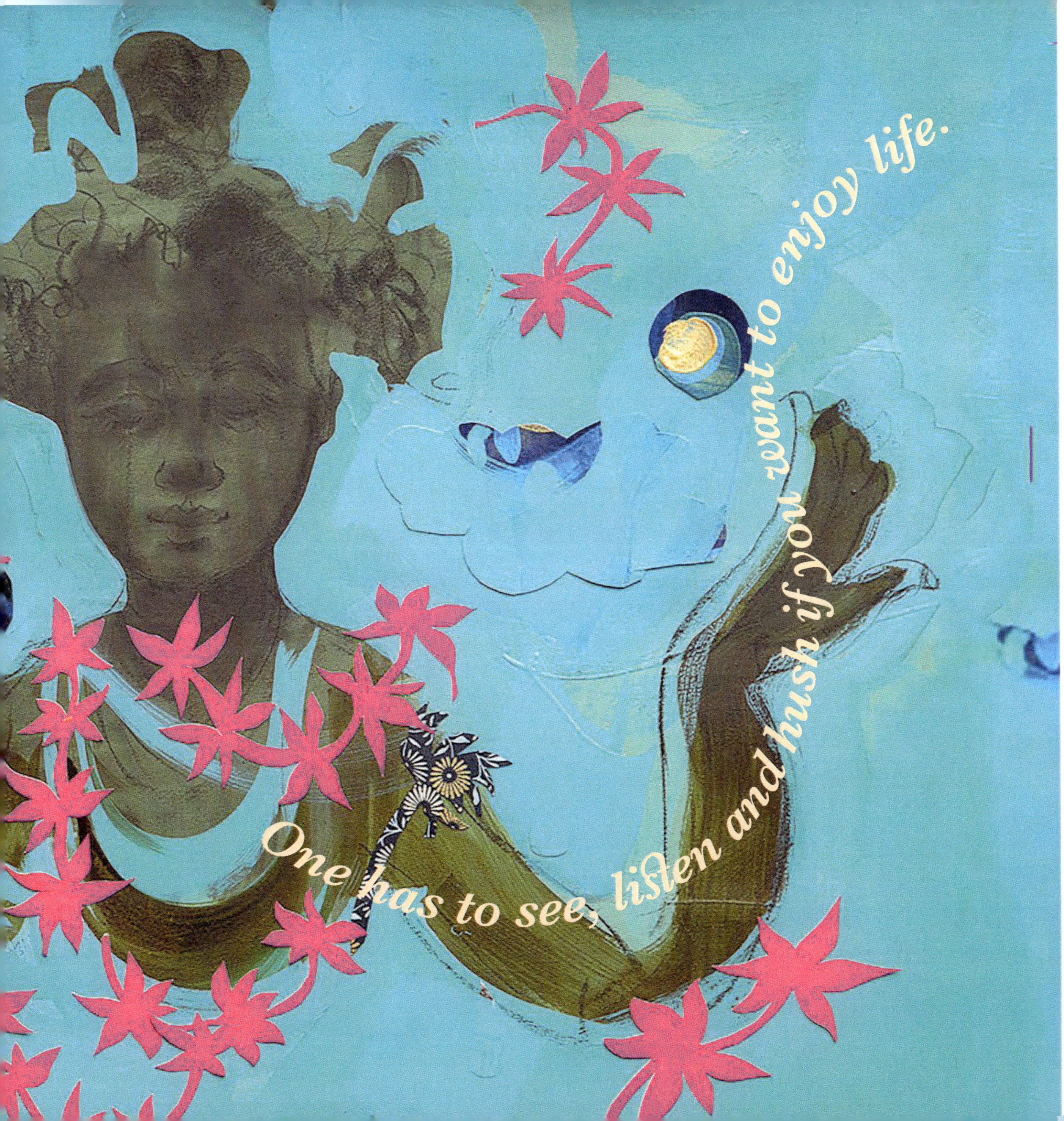
One has to see, listen and hush if you want to enjoy life.

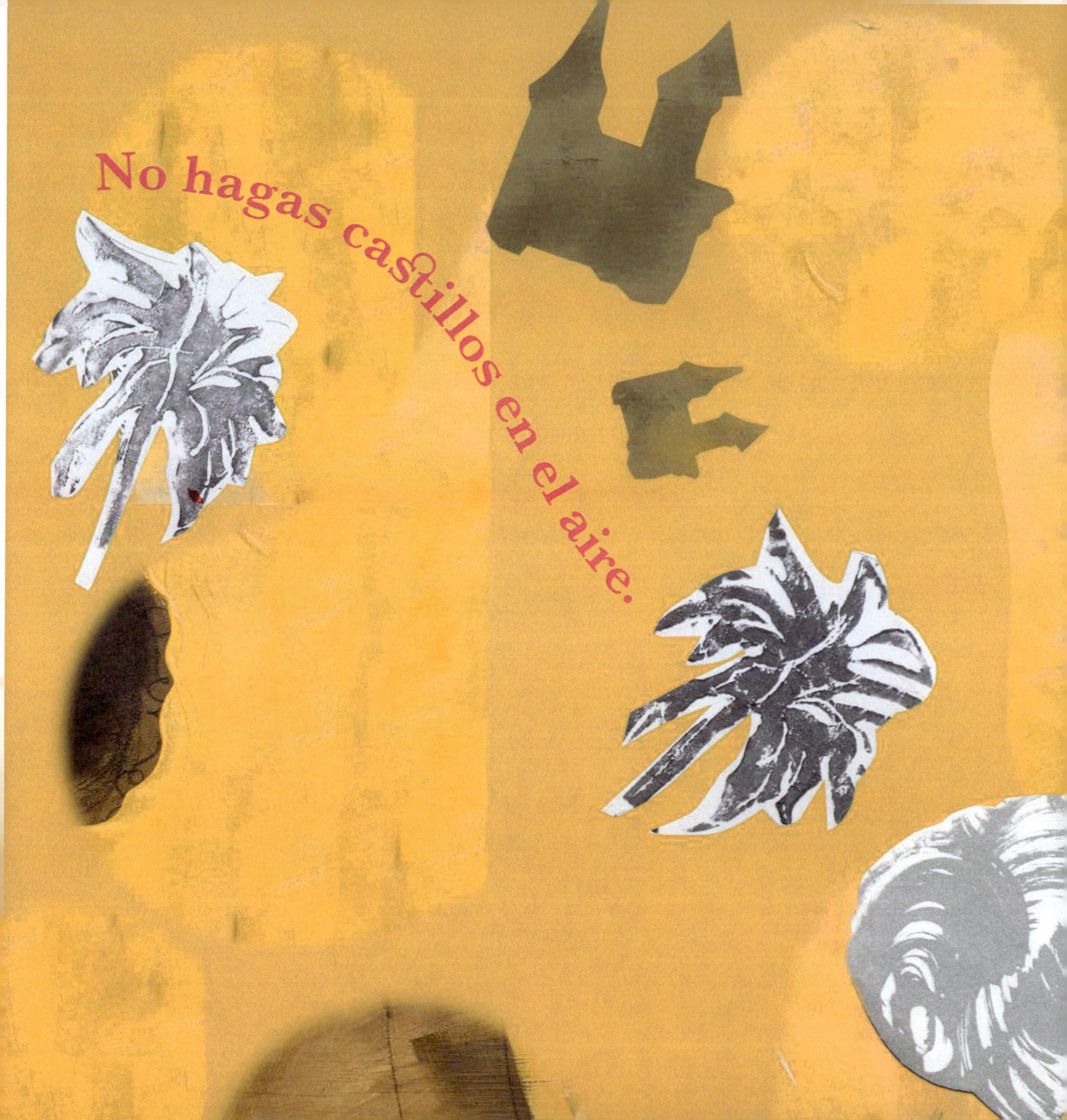
No hagas castillos en el aire.

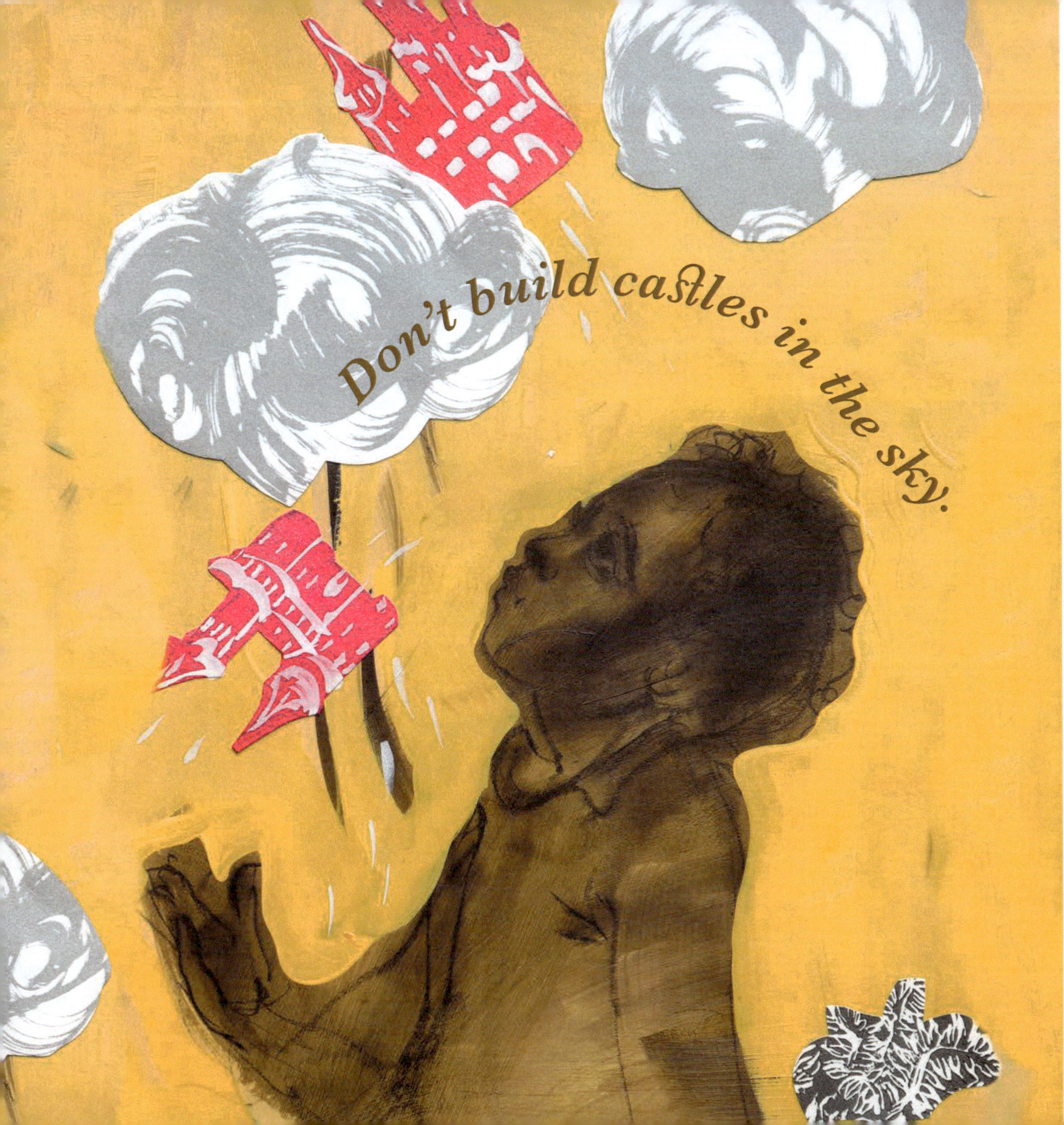
Don’t build castles in the sky.

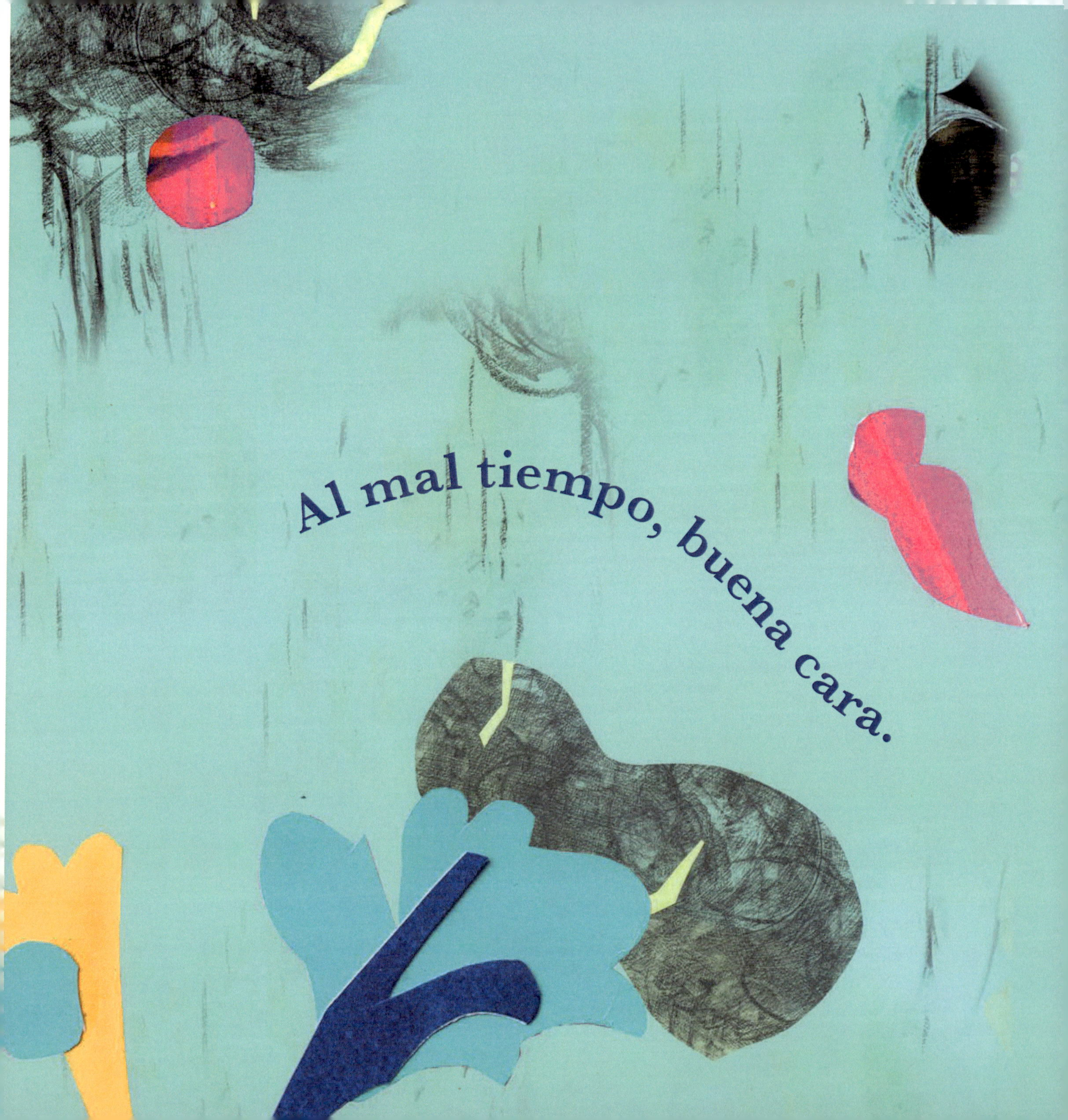

Al mal tiempo, buena cara.

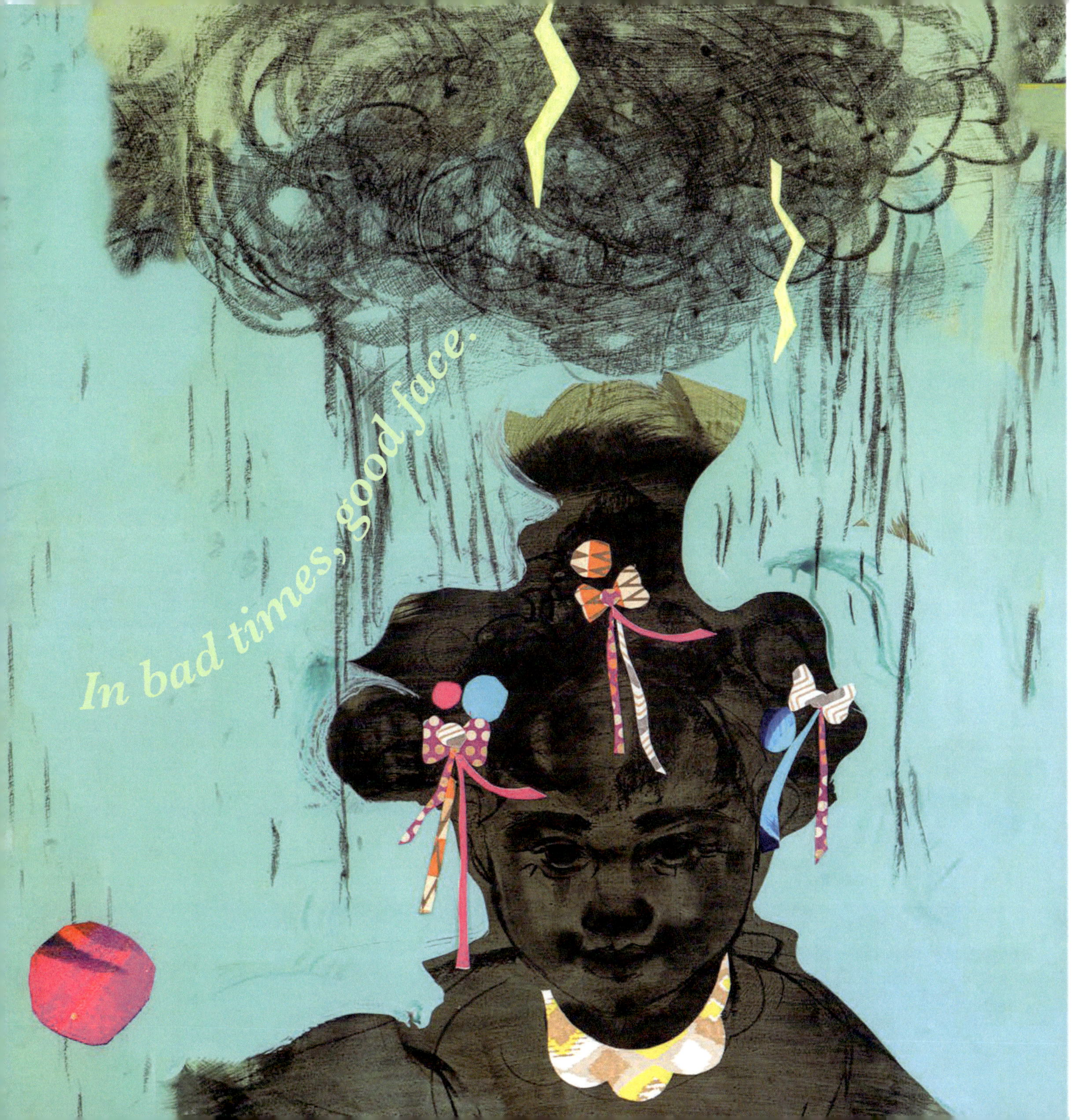
In bad times, good face.

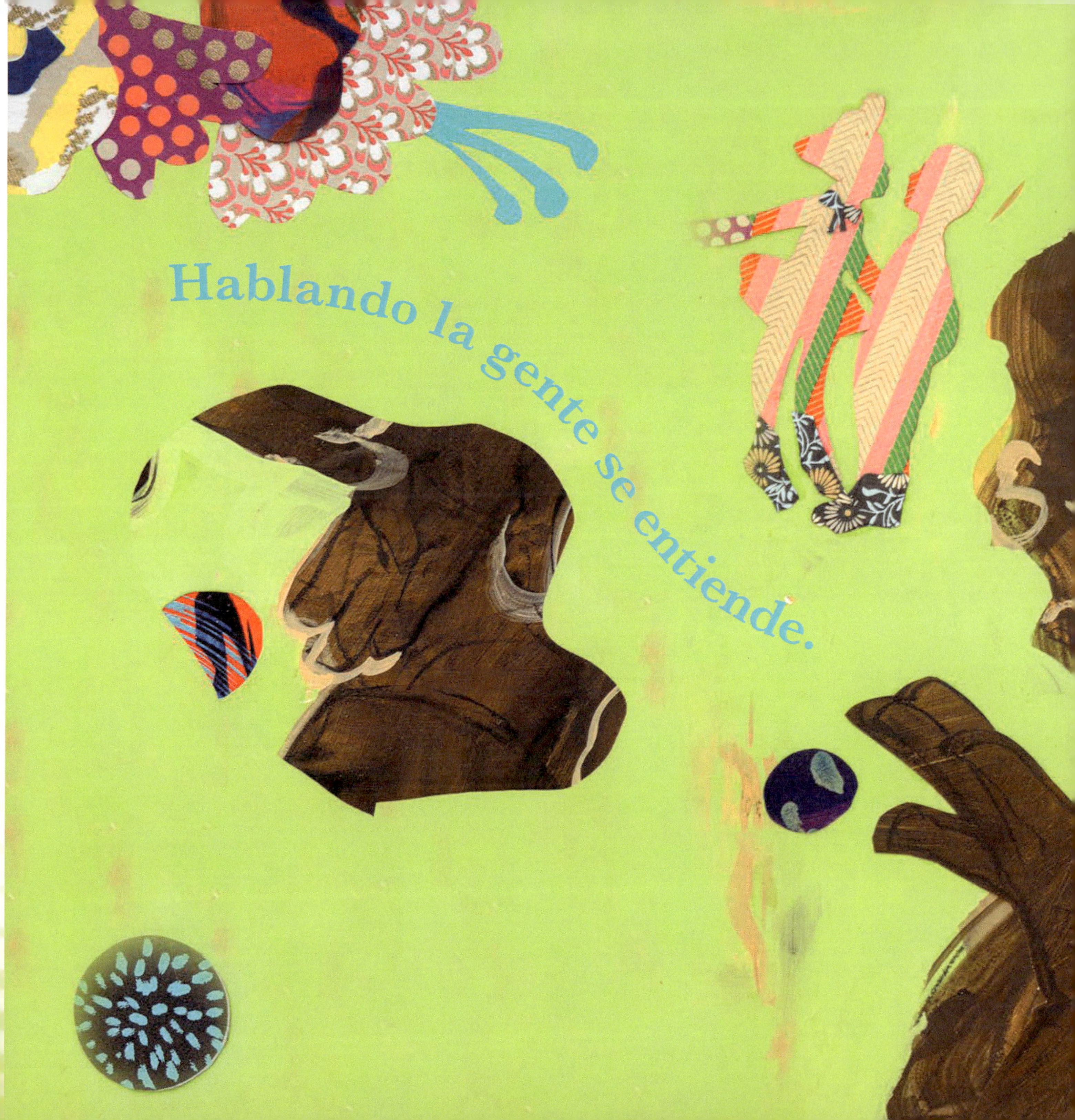

Hablando la gente se entiende.

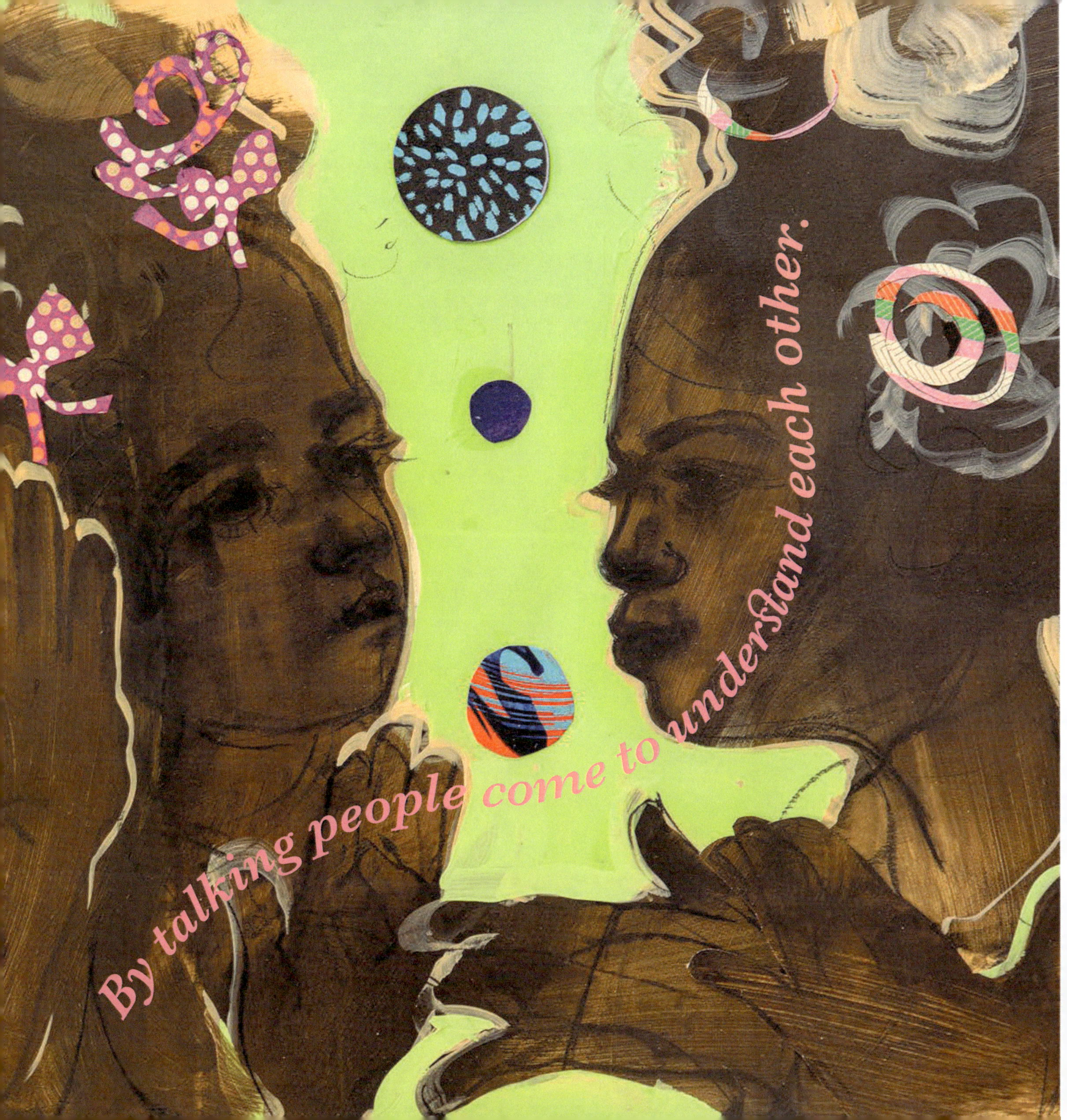
By talking people come to understand each other.

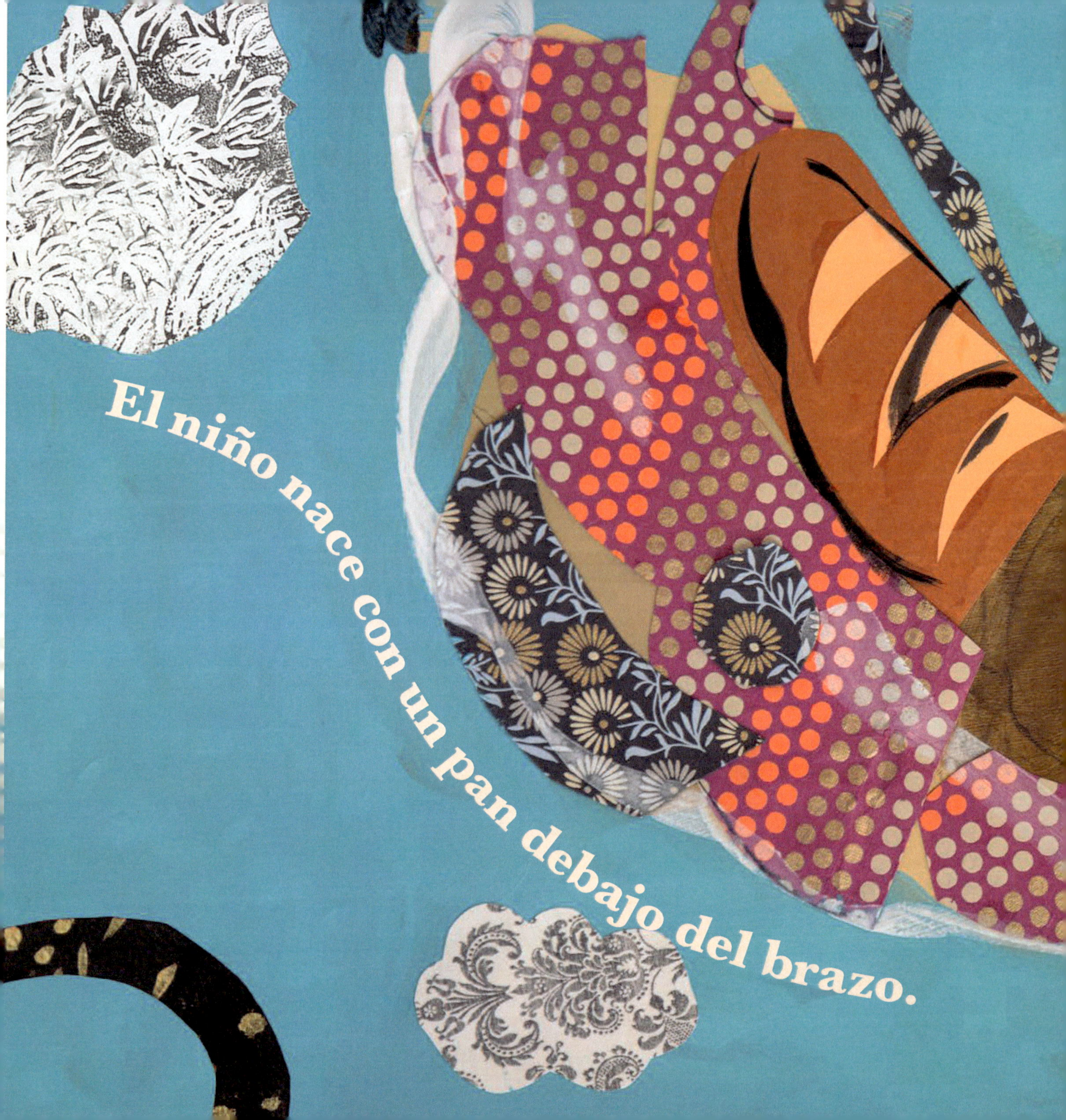

El niño nace con un pan debajo del brazo.

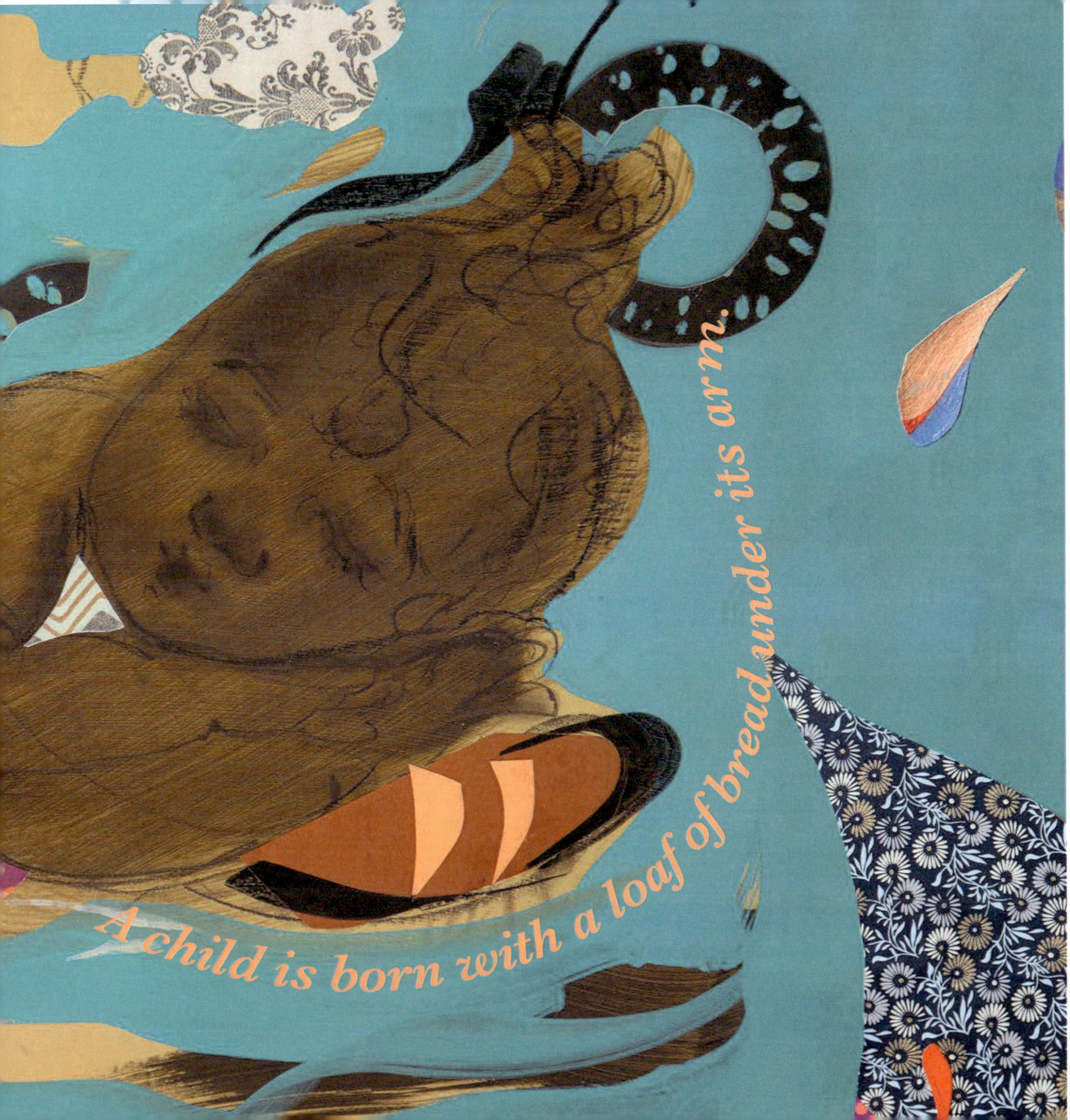
A child is born with a loaf of bread under its arm.

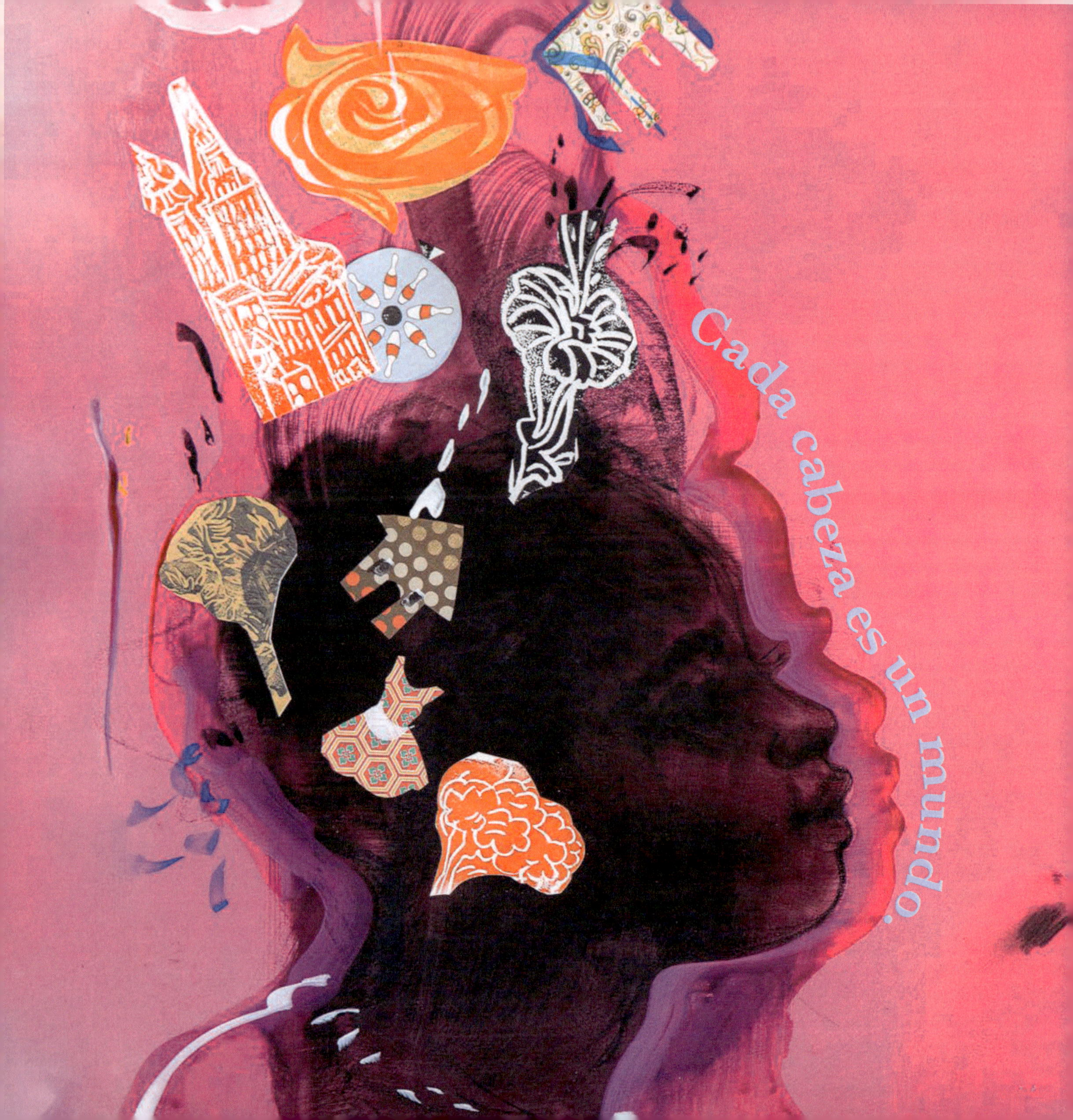
Cada cabeza es un mundo.

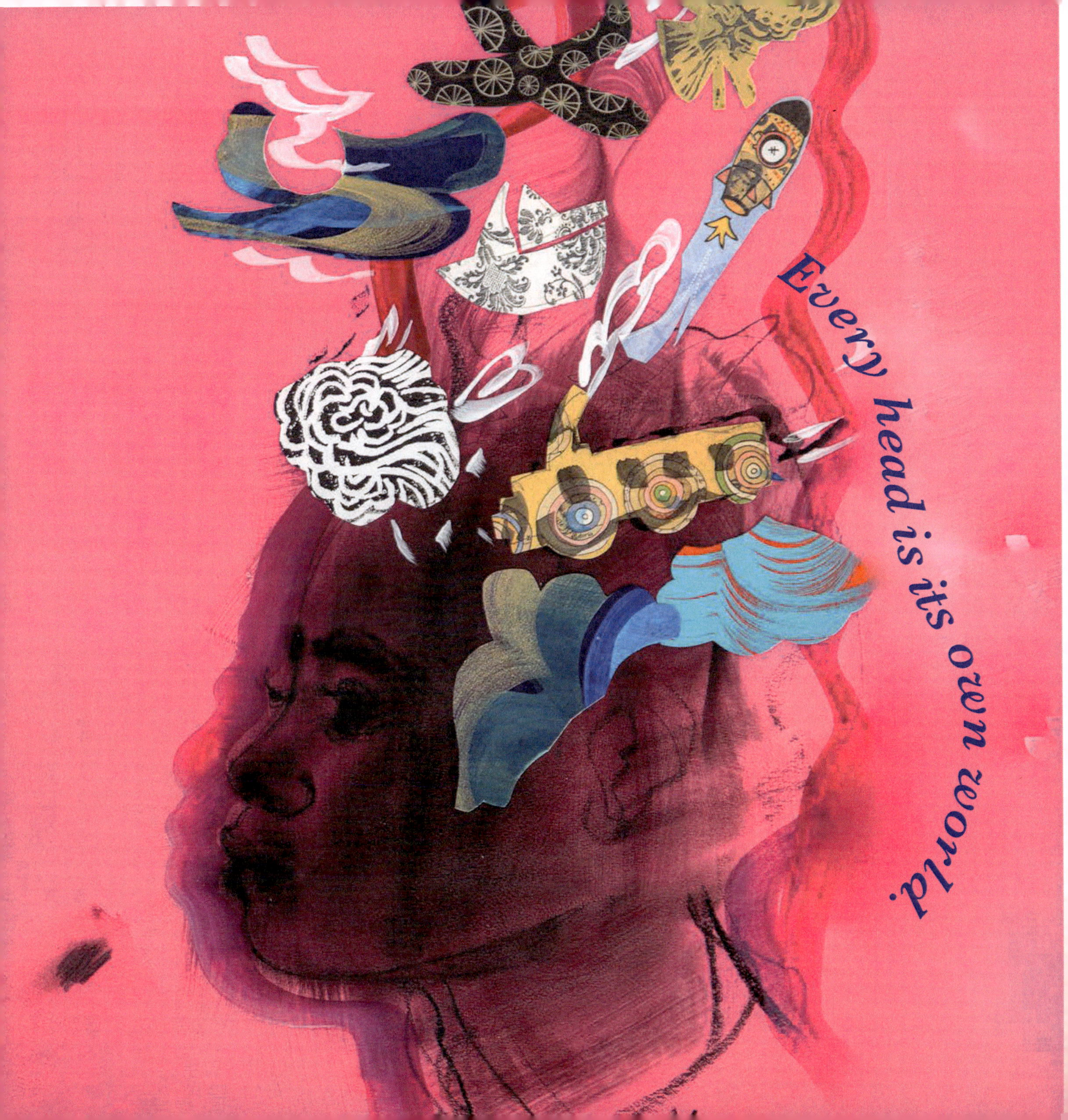
Every head is its own world.

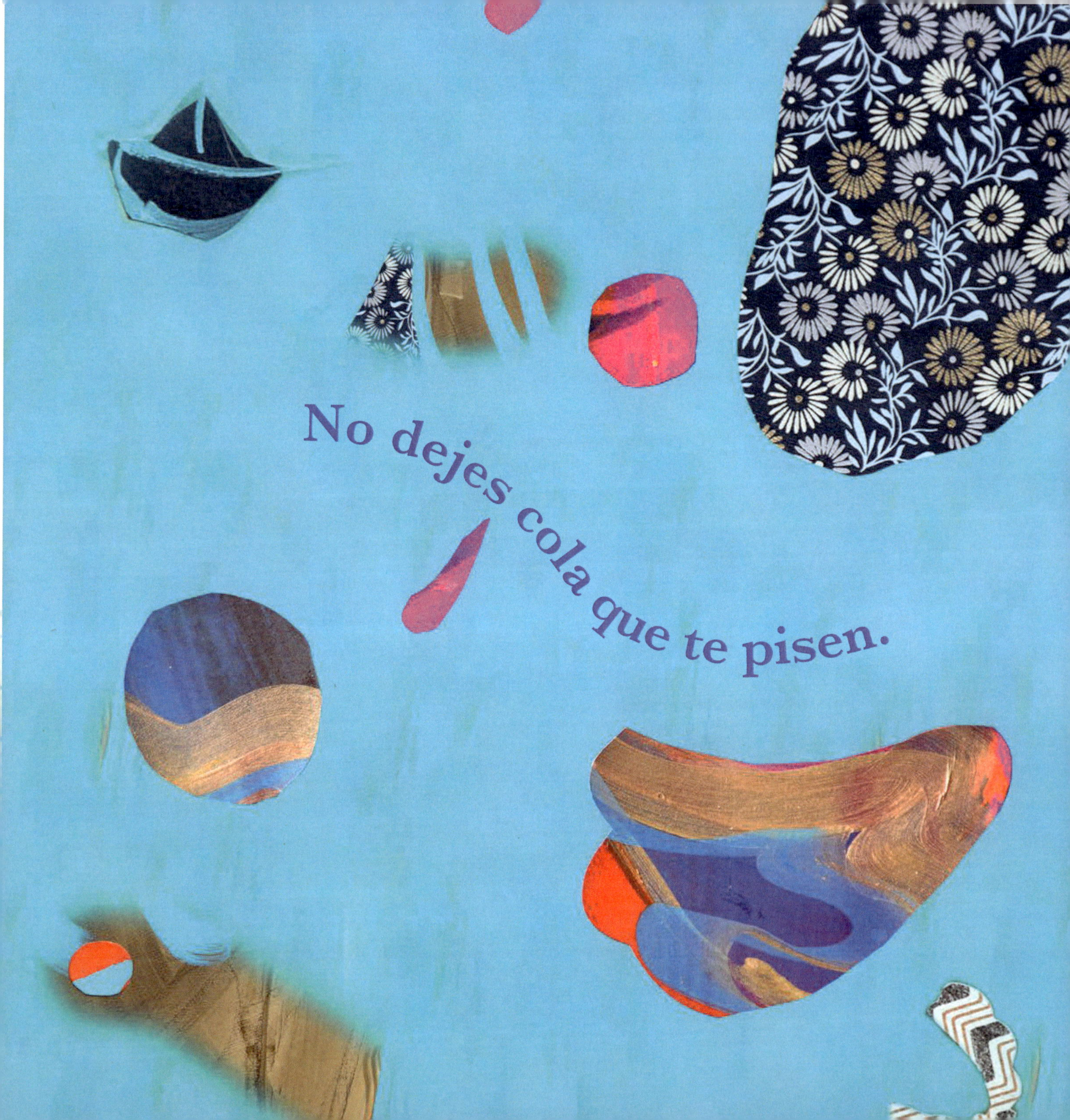
No dejes cola que te pisen.

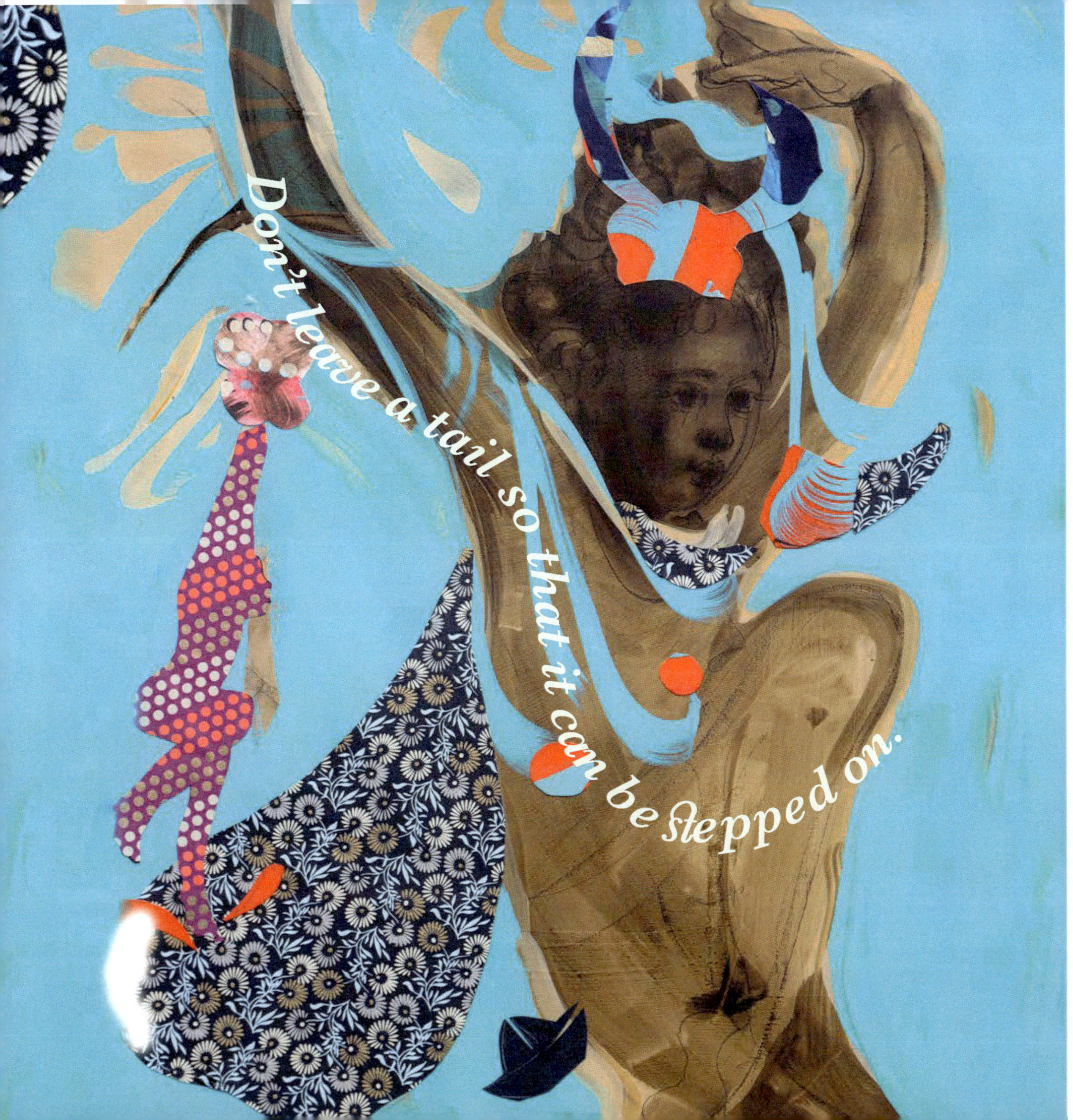
Don't leave a tail so that it can be stepped on.

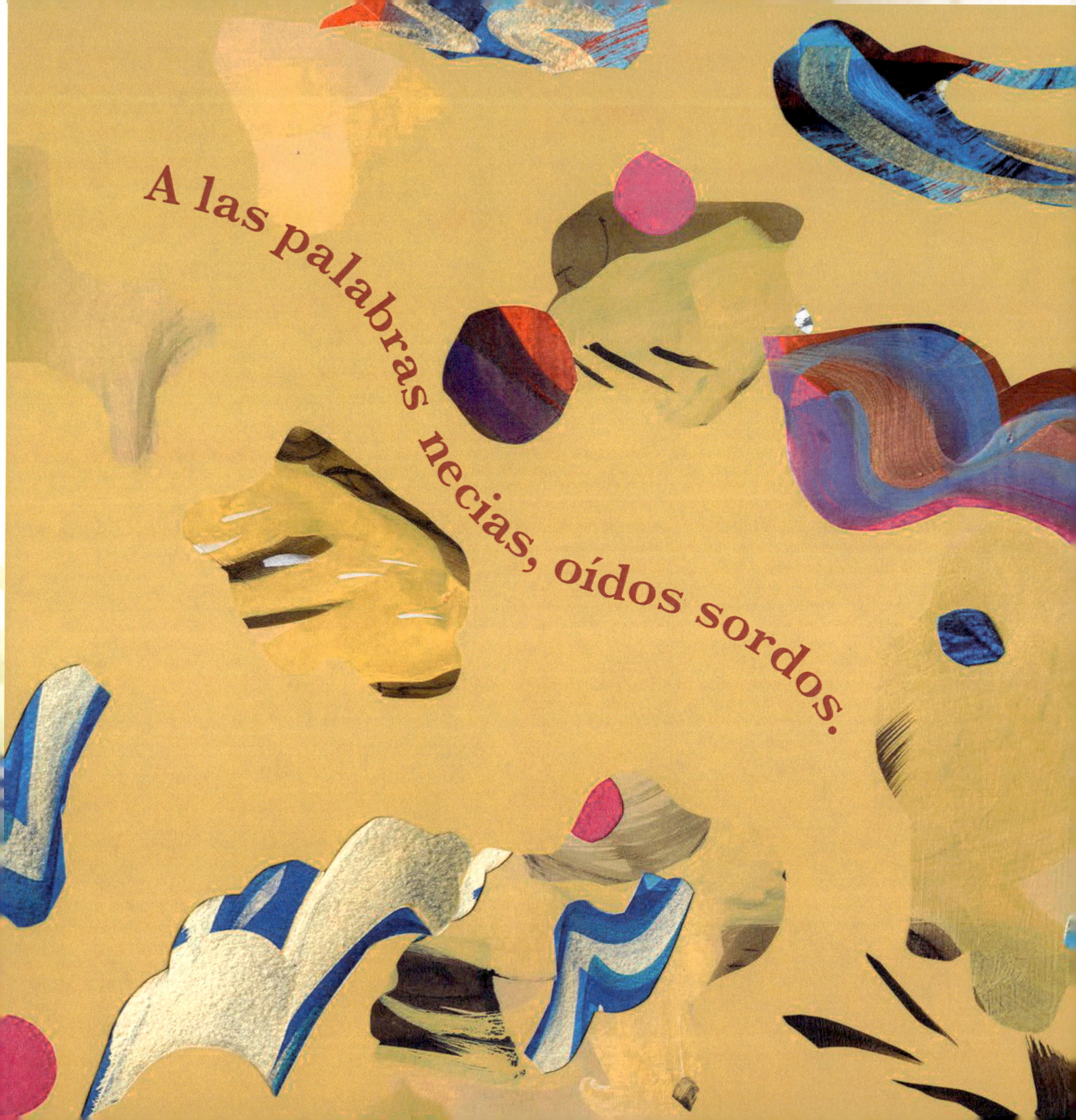

A las palabras necias, oídos sordos.

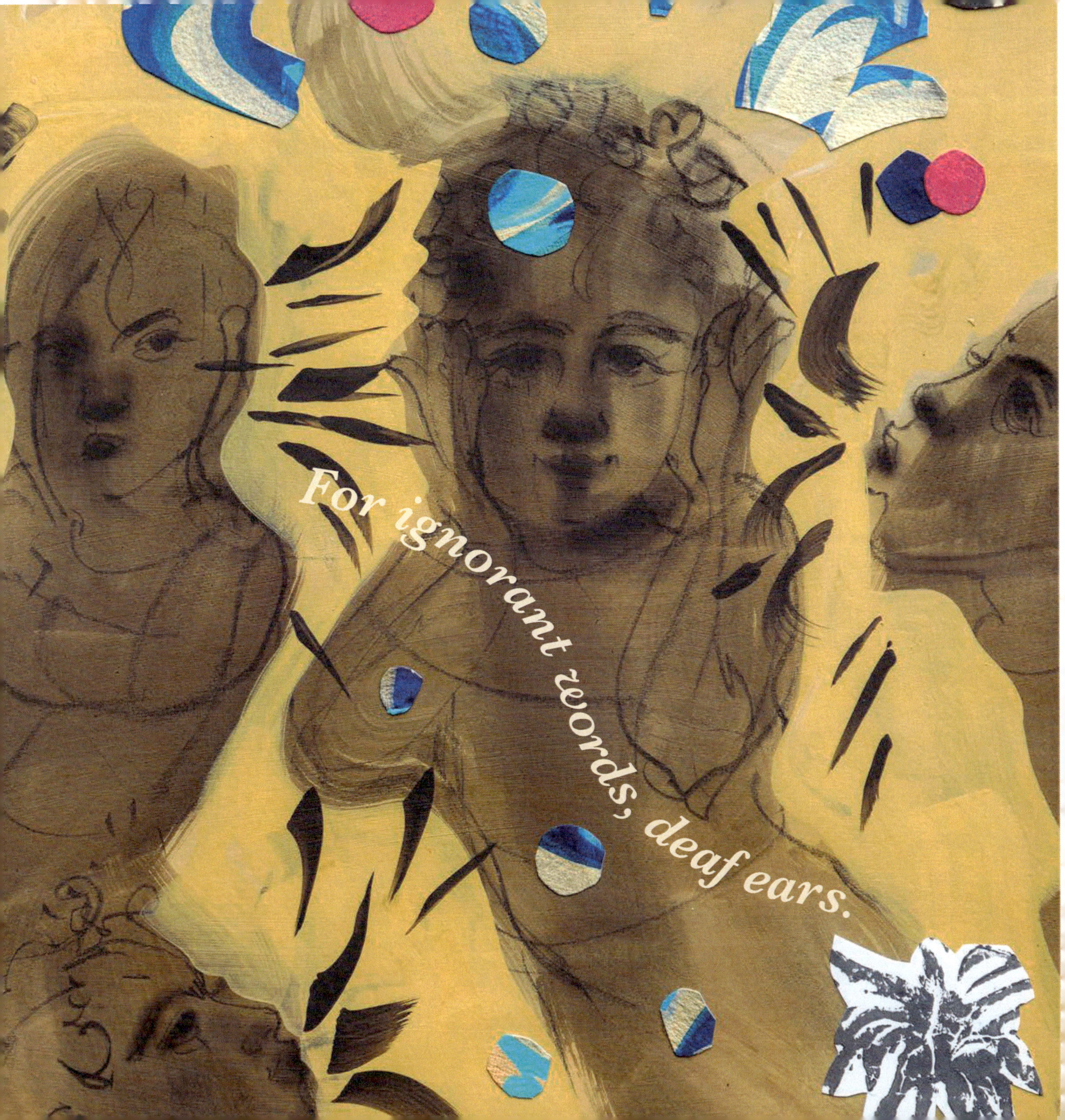
For ignorant words, deaf ears.

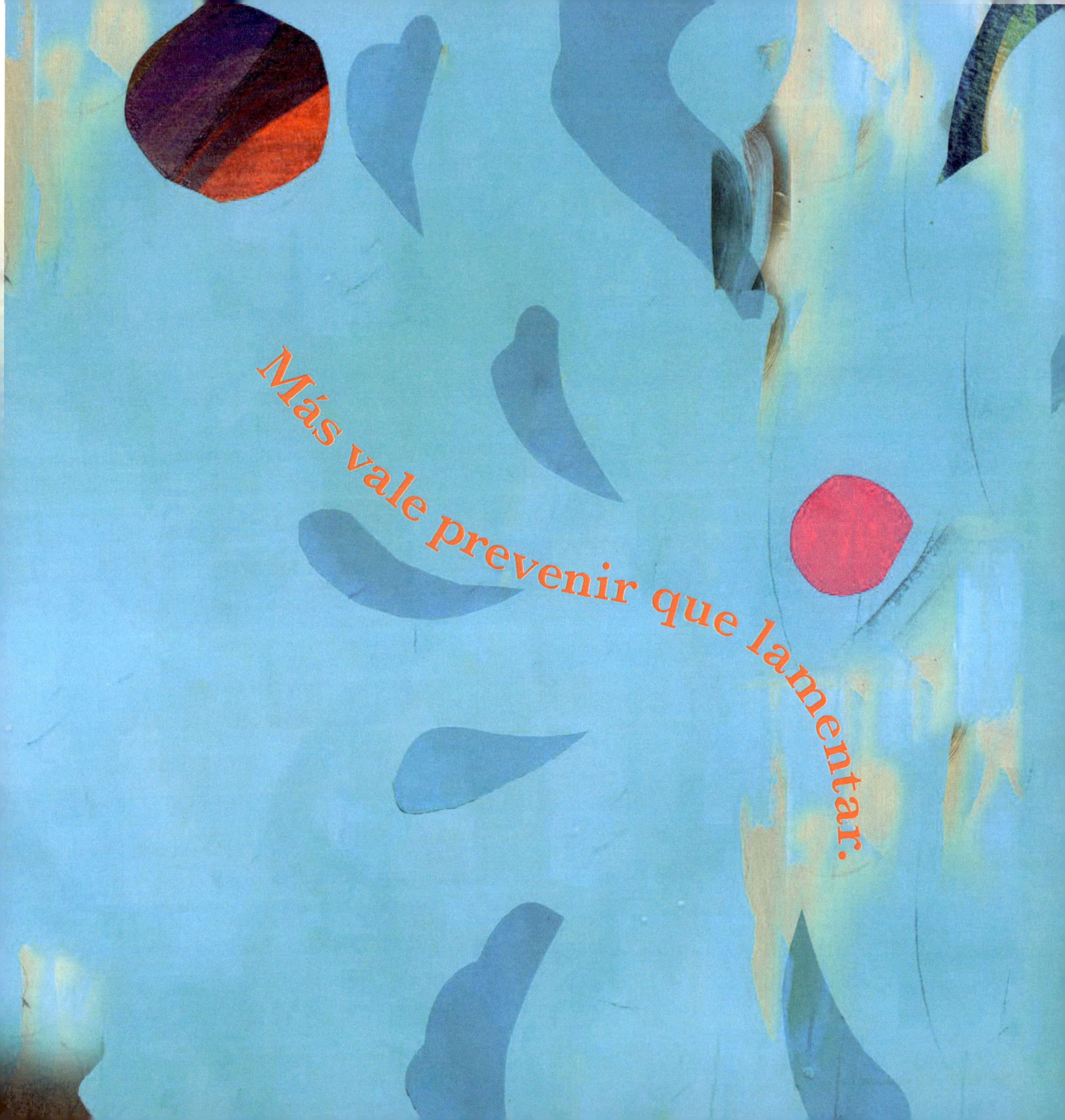

Más vale prevenir que lamentar.

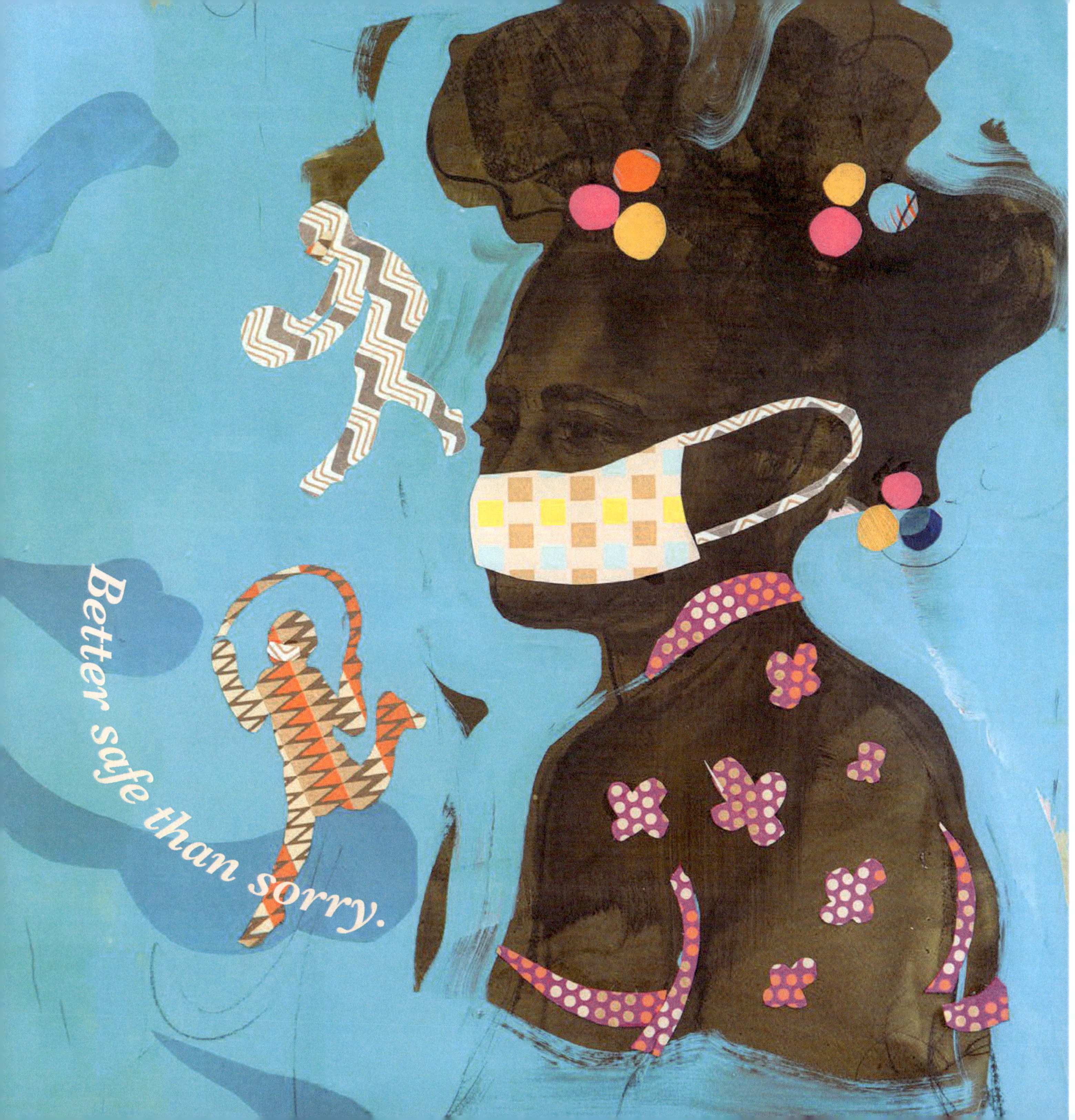
Better safe than sorry.

BIOS

Edward Paulino is an Associate Professor in the Department of Global History at CUNY's John Jay College where he teaches a variety of humanities courses including The History of Genocide. Paulino is the author of the 2016 book *Dividing Hispaniola*, the co-editor of *The Border of Lights Reader* (2021) and a co-founder of the Border of Lights collective (2012). Since 2014, he has written and performed his one-person show "Eddie's Perejil." In 2018, he wrote the script for the Ted Ed animation video series "Ugly History: The 1937 Haitian Massacre," which has garnered more than one million views. Between 2015 and 2018, he was a NY State Council for the Humanities' Public Scholar. He is on the boards of The Coalition for Immigrant Freedom and The Dream Project. He lives with his partner and two kids in the Republic of Brooklyn and is a lifelong Yankees fan but still likes the Mets.

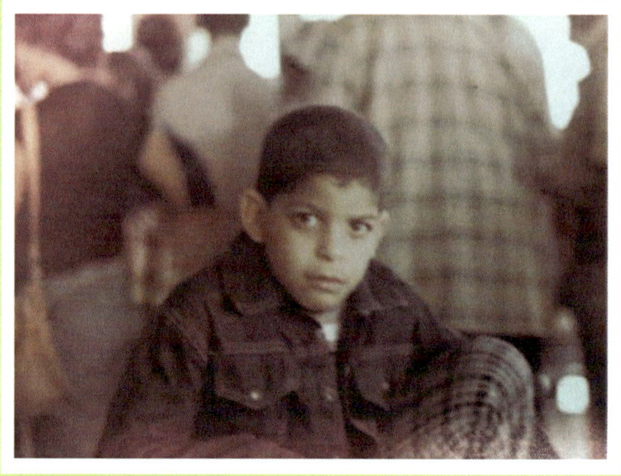

Eddie at the John F. Kennedy Airport, New York. Circa mid 1970s.

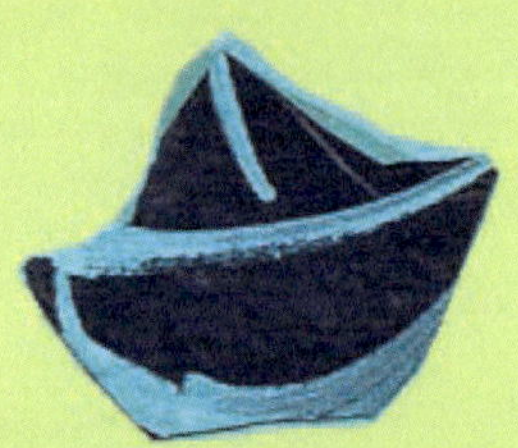

Nunca falta un pelo en un sanchocho.

There is always a hair in the stew.

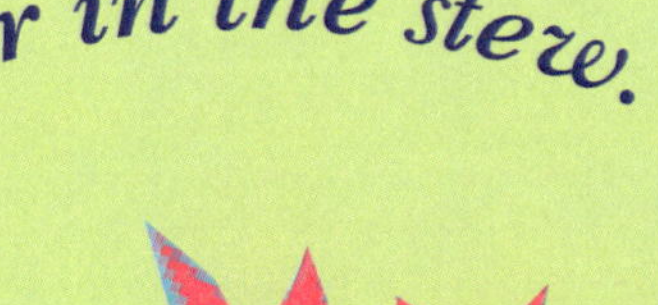

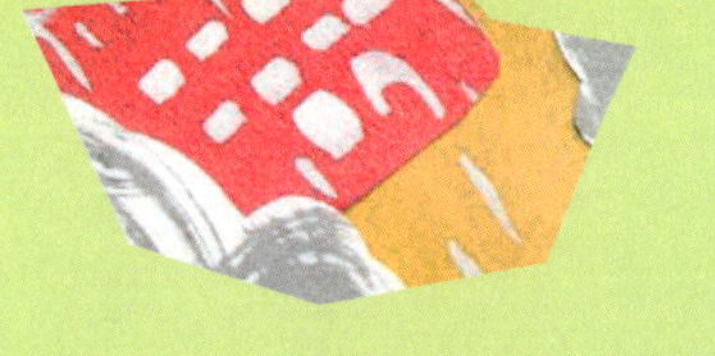

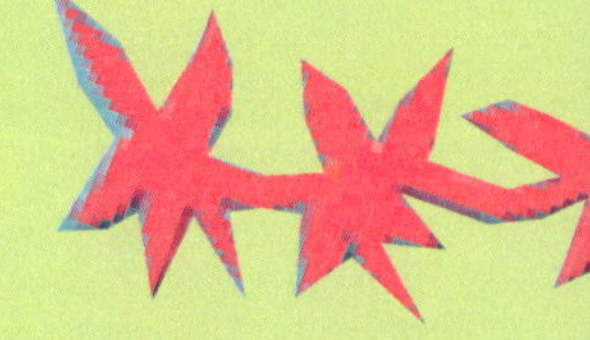

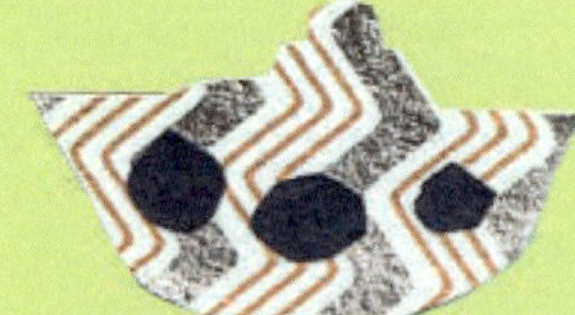

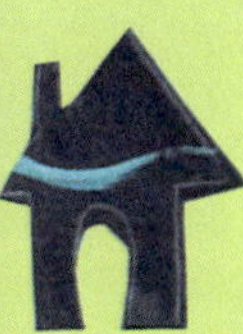

BIOS

Scherezade García-Vázquez is a painter, printmaker, and installation artist whose work often explores allegories of history, migration, collective and ancestral memory, and cultural colonization and politics. A co-founder of the Dominican York Proyecto GRÁFICA, she holds an AAS from Altos de Chavón School of Design, a BFA from Parsons School of Design | The New School, and an MFA from The City College of New York, CUNY. García has been featured in solo and duo exhibitions at the Art Museum of the Americas, Clifford Art Gallery at Colgate University, Miller Theater at Columbia University, Lehman College Art Gallery, Crossroads Gallery at the University of Notre Dame, Museo de Arte de Santo Domingo and others. She has participated in the Havana Biennial, the International Biennial of Paintings at Haute de Cagnes, the IV Caribbean Biennial, Trienal Poli/Gráfica de San Juan, Latin American Biennial, BRIC Biennial, Venice Autonomous Biennial, and international fairs. Her work is included in the permanent collections of the Smithsonian American Art Museum, the Art Museum of the Americas, El Museo del Barrio, The Housatonic Museum of Art, El Museo de Arte Moderno in Santo Domingo, and others. García-Vázquez is the recipient of the Joan Mitchell Foundation Painters & Sculptors Grant (2015) and the Colene Brown Art Prize (2020). An edited monograph on her work *Scherezade García-Vázquez: From This Side of the Atlantic*, was published in 2020 by the Art Museum of the Americas. She is a member of the Artist Advisory Council of Arts Connection and No Longer Empty. She sits on the Board of Directors of the College Art Association (2020-2024). García-Vázquez is represented by Praxis Art Gallery

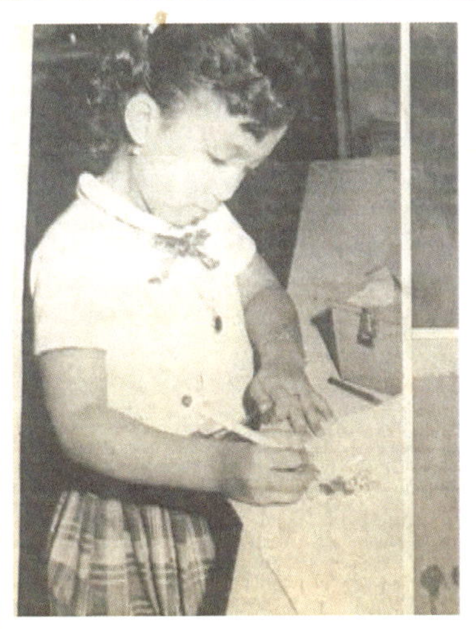

Scherezade García-Vázquez, Santo Domingo, 1976

[link: https://www.praxis-art.com/en/artist/scherezade-garcia/] in New York, and IBIS Art Gallery in New Orleans. Her artist's papers can be found at the Archives of American Art, Smithsonian Institution. Garcá-Vázquez is an assistant professor at The University of Texas at Austin.She currently lives in Brooklyn, NY, and Austin, TX.

www.scherezade.net

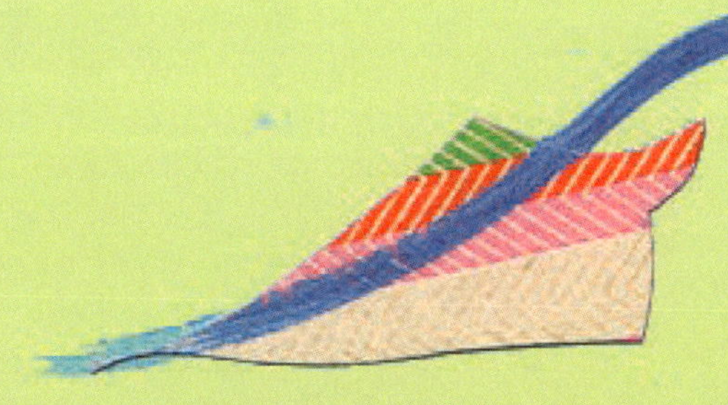

BIOGRAFIAS

Edward Paulino es Profesor Contratado Doctor en el Departamento de Historia Global del John Jay College de City University of New York (CUNY), donde imparte una variedad de clases en el área de humanidades, incluida Historia del Genocidio. Paulino es el autor del libro «*Dividing Hispaniola*» (2016), co-editor de «*The Border of Lights Reader*» (2021) y co-fundador del grupo *Border of Lights* (2012). Desde 2014, Paulino ha escrito y representado su programa de actor único: «*Eddie's Perejil*». En el 2018, escribió el guión de la serie animada de video de Ted Ed «*Ugly History: The 1937 Haitian Massacre*» (*Ugly History*: La masacre haitiana de 1937), la cual ha acumulado más de un millón de vistas en línea. Del 2015 al 2018, fue Concejal del Estado de Nueva York para el programa *Humanities' Public Scholar* (Académico público de humanidades). Es miembro del concejo de *The Coalition for Immigrant Freedom* y *The Dream Project*. Radica con su pareja y sus dos hijos en la República de Brooklyn y es fanático eterno de los Yankees, aunque también le gustan los Mets.

Scherezade García-Vázquez es pintora, grabadora y artista en instalaciones. Muchas veces sus obras exploran alegorías de historia, migración y memoria colectiva y ancestral, así como también colonización cultural y política. Es co-fundadora de Dominican York Proyecto GRÁFICA. Es titulada con un AAS (título asociado de ciencia aplicada, pos sus siglas en inglés) de Altos de Chavón, una BFA (licenciatura en artes plásticas, por sus siglas en inglés) de Parsons School of Design, The New York School, y una MFA (maestría en artes plásticas) de City College of New York, CUNY. García se ha presentado en exhibiciones como solista y acompañadas en el Art Museum of the Americas, la Clifford Art Gallery de Colgate University, el Miller Theater en Columbia University, la Lehman College Art Gallery, la Crossroads Gallery en la University of Notre Dame y el Museo de Arte de Santo Domingo, entre otros. Ha participado en la Bienal de la Habana, la Bienal Internacional de Pintura en Haute de Cagnes, la Bienal del Caribe IV, la Trienal Poli/Gráfica de San Juan, la Bienal Latinoamericana, la Bienal BRIC, la Bienal Autónoma de Venecia, así como en diversas ferias internacionales. Su trabajo se incluye en colecciones permanentes en el Smithsonian American Art Museum, el Art Museum of the Americas, el Museo del Barrio, el Housatonic Museum of Art, el Museo de Arte Moderno en Santo Domingo, y otros. García-Vázquez ha recibido la beca Joan Mitchell Foundation Painters & Sculptors (2015) y el premio Colene Brown Art (2020). En el 2020, el Art Museum of the Americas publicó «From This Side of the Atlantic», un monográfico editado sobre las obras de Scherezade García-Vázquez. Es miembro del Concejo asesor de artistas Arts Connections y No Longer Empty. También es parte de la Junta Directiva de College Art Association (2020-2024). Praxis Art Gallery [link: https://www.praxis-art.com/en/artist/scherezade-garcia/] representa a García-Vázquez en Nueva York, e IBIS Art Gallery, en Nueva Orleans. Sus publicaciones sobre arte se encuentran en los Archives of American Art (Archivos de arte americano) del Smithsonian Institution. García-Vázquez es Profesor Ayudante Doctor en la University of Texas en Austin. Actualmente radica en Brooklyn, New York y Austin, Texas.

www.scherezade.net

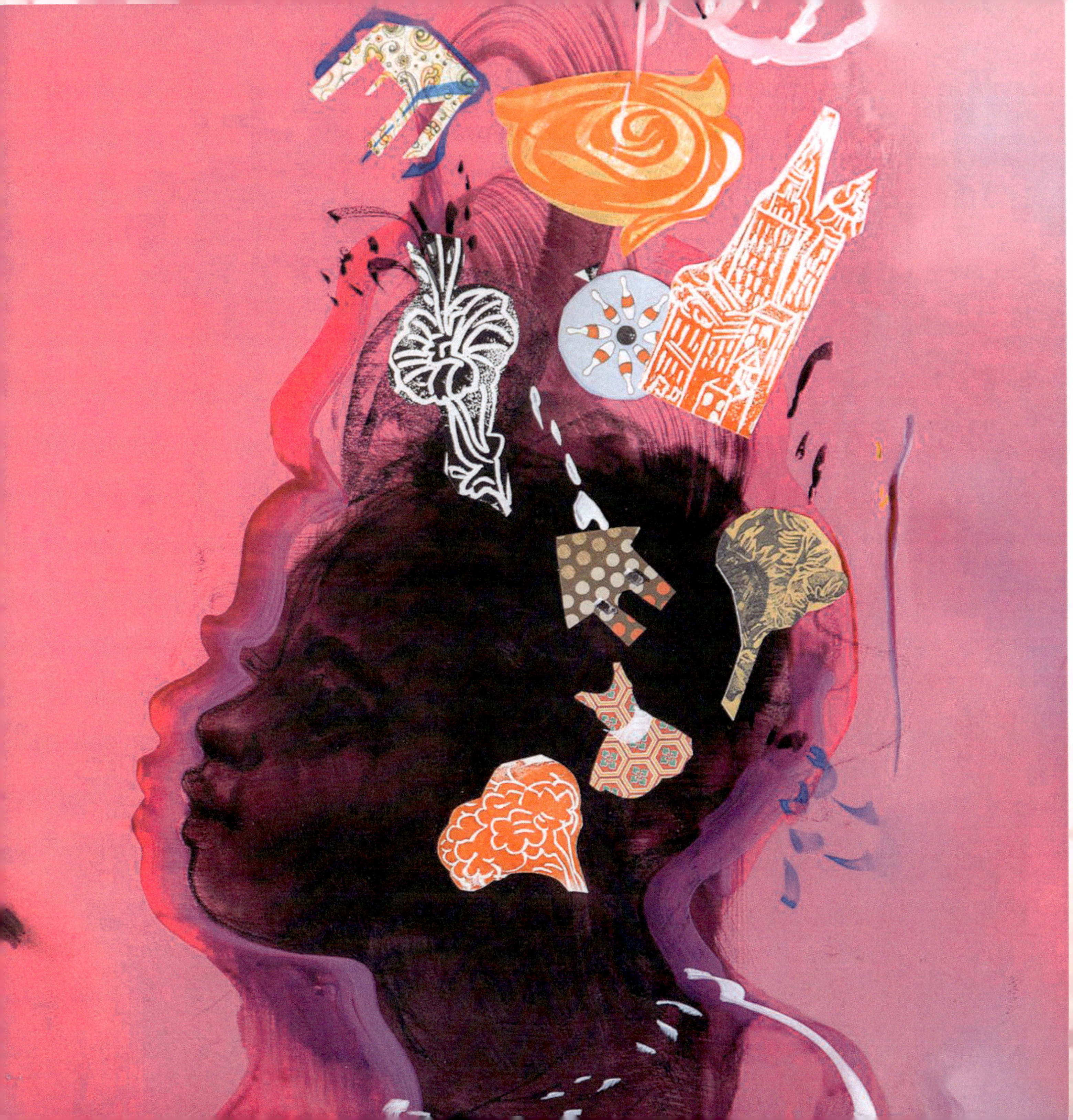

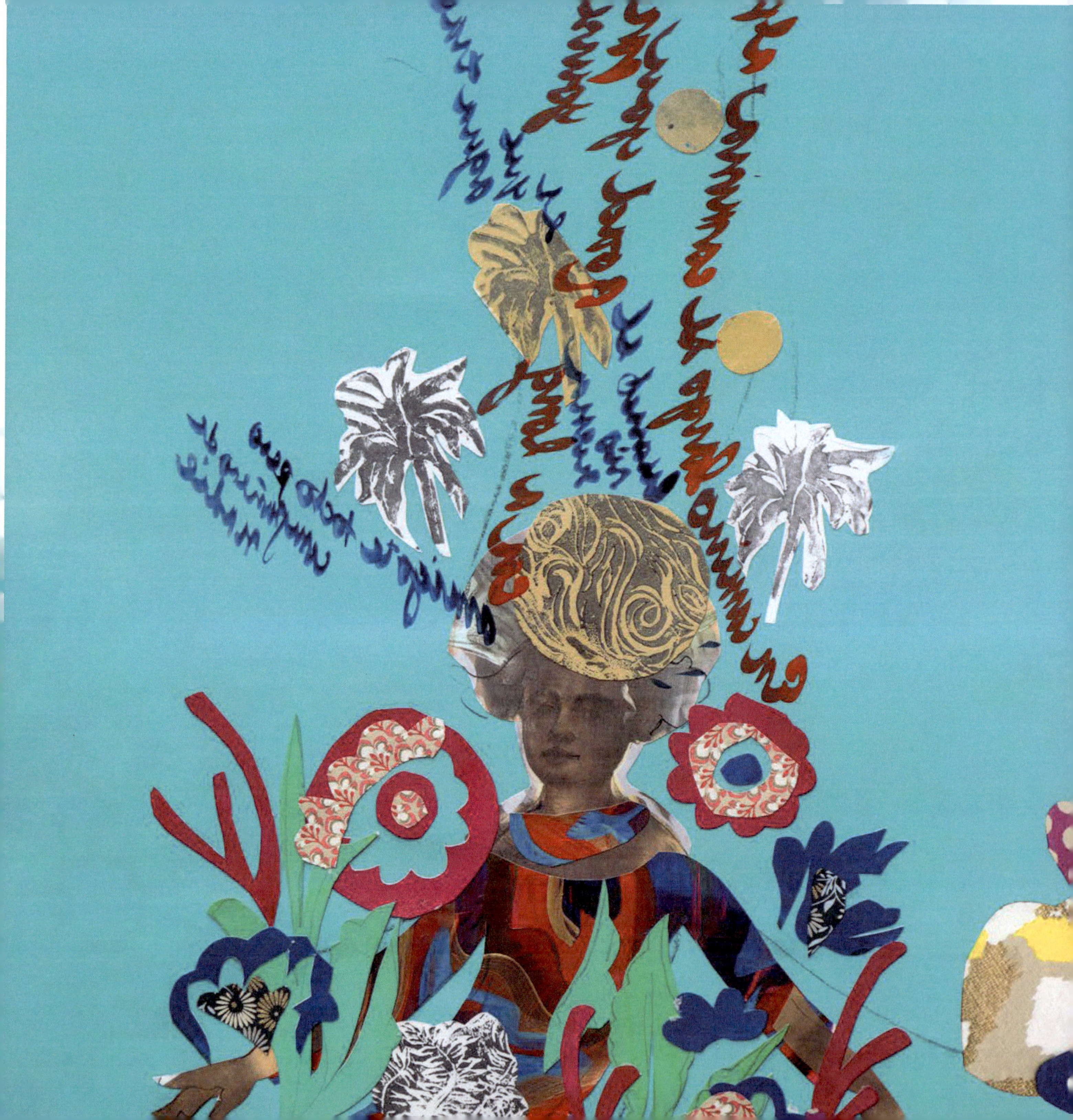

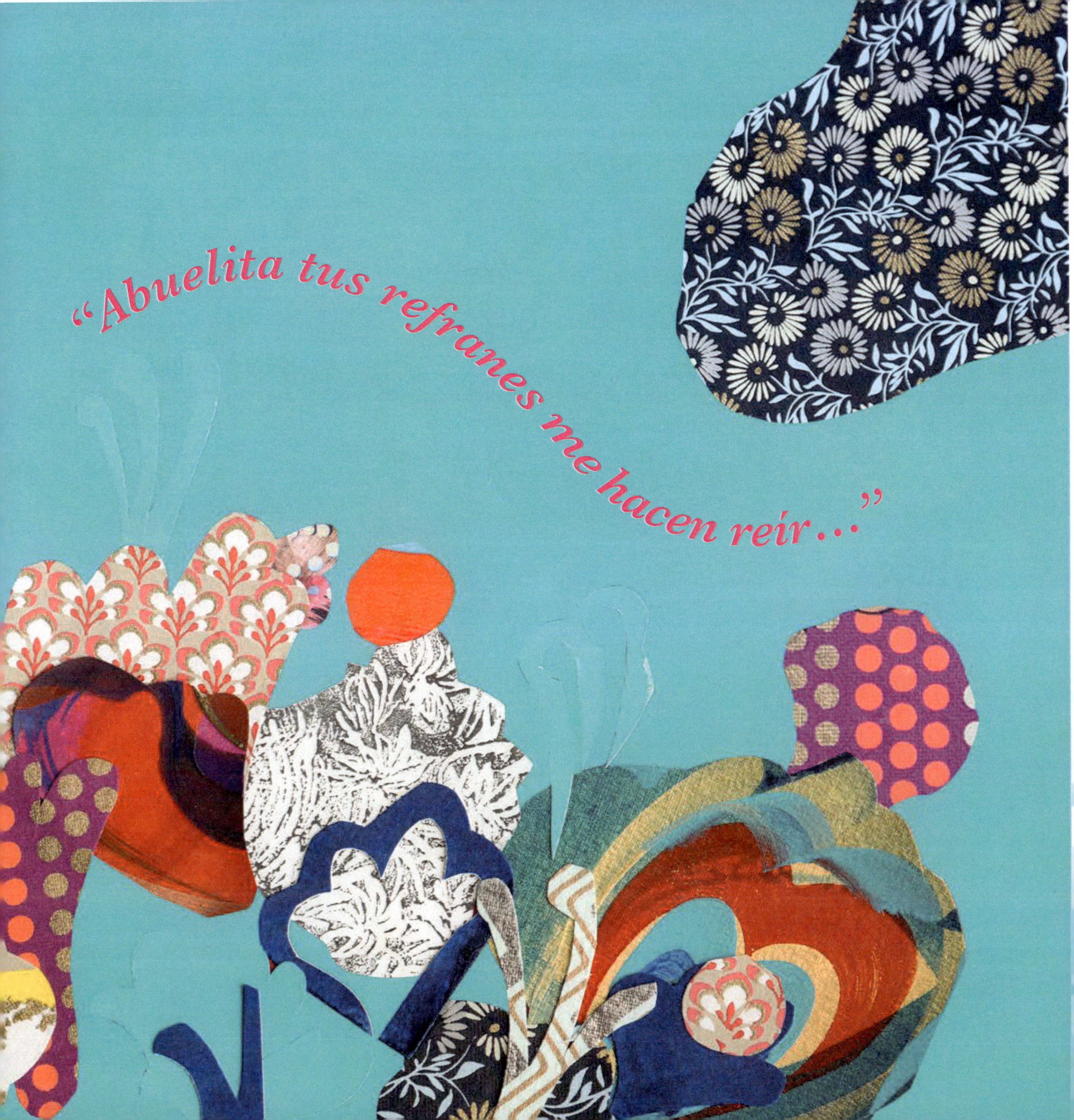
"Abuelita tus refranes me hacen reir…"

www.ingramcontent.com/pod-product-compliance
Lightning Source LLC
Chambersburg PA
CBRC091646100726
47973CB00020B/250

9798218114688